JN028679

令和6年度改定が
ひと目でわかる!

事業者のための
介護保険制度
対応ナビ

運営基準・介護報酬
改定速報

本間清文
Kiyofumi HONMA

第一法規

目次

第1章　こう変わる！ 事業の運営と報酬

第２章　他にも変わる！改正・変更要点

第3章　今後の制度・業界の行方と対応

第1章

こう変わる！
事業の運営と報酬

高齢・介護
（WAM NET）

サービスコード等掲載
ホームページ（予定）

介護報酬
（厚生労働省）

省令等掲載
ホームページ（予定）

＊本章の内容は、第239回社会保障審議会介護給付費分科会　資料１「令和6年度介護報酬改定における改定事項について」（令和6年1月22日）に基づいて作成しています。単位数、算定要件等の詳細、確定情報については、告示、通知等をご確認ください。

また、新設の項目については 新→ を、変更には 変更 を、介護予防についても同様の措置を講ずる場合には★を付記しています。

令和６年度介護報酬改定について

全体としてはプラス改定となった今改定ですが、改定事項としては、医療系サービスに関するものが非常に多くなりました。今改定は診療報酬と障害福祉サービスのトリプル改定であるにしても、です。具体的には、改定項目 137（筆者調べ）の内、少なくとも 30％以上は医療系サービスに関するものです。少し数字を並べると「医療と介護の連携の推進」が 23 項目、「リハビリテーション・機能訓練、口腔、栄養の一体的取組等」が 22 項目、「看取りへの対応強化」が 8 項目と続きます。これに医療系サービスの算定率が高い LIFE 関係の項目を含めると、さらにその数字は増します。

また、全国に 83 か所（R4）しかない療養通所介護については、サービス独自の改定事項が 2 個あります。対する訪問介護は 34,372 か所（R4）もありますが、こちらも独自の改定事項は 2 個だけです。その他、全体を通して見ても、医療系サービスへのテコ入れに比べ、介護系サービスはお粗末な印象がぬぐえません。

特に、近年は、訪問介護に関する人手不足や倒産件数の最多更新などの課題がクローズアップされていました。しかし、フタをあけてみれば訪問介護はマイナス改定。この理由について「経営実態調査」における収支差率が全サービス平均を大きく上回っていたとし、処遇改善等加算や特別地域加算の見直し等で補正を掛けたつもりのようです。一方で、サービス付き高齢者向け住宅や住宅型有料老人ホームなどの集合住宅（20 人以上）にサービスを提供する訪問介護も全体の約 25％※あり、一般住居へのサービスと明らかに分けて収支差率も考えるべきですが、そこの分析は行われていないようです。

それに加えて、近年、全国的にケアマネジャー不足が深刻化しつつあります。しかし、実効性の低そうな改定が並びます。このままでは、次の制度改正を待たずに、ケアマネジャー、ヘルパー不足から在宅介護が成立しない地域が現われやしないかと心配です。

もちろん、施設系も油断は禁物です。これまで厳格に定めてきた人員配置ルールや外国人に関するルールがなし崩し的に壊されています。それらは介護保険制度が担い手不足によりきしむ音に聞こえなくもありません。そして、それを補うためにロボットやテクノロジーを使うと厚生労働省は言います。しかし、介護現場を支えているのは、多くが中高年の女性です。彼女たちは人間の相手は得意ですが、ハイテク等を苦手とする傾向があると思います。ハイテク機器が介護現場の職員をさらに駆逐しないことを願わずにはいられません。

※ 第220回社会保障審議会介護給付費分科会　第220回社会保障審議会介護給付費分科会
https://www.mhlw.go.jp/stf/newpage_34231.html

地域ごとの１単位の単価

<table>
<tr><th></th><th>１級地</th><th>２級地</th><th>３級地</th><th>４級地</th><th>５級地</th><th>６級地</th><th>７級地</th><th>その他</th></tr>
<tr><td>居宅療養管理指導</td><td rowspan="2">10円</td><td rowspan="2">10円</td><td rowspan="2">10円</td><td rowspan="2">10円</td><td rowspan="2">10円</td><td rowspan="2">10円</td><td rowspan="2">10円</td><td rowspan="2">10円</td></tr>
<tr><td>福祉用具貸与</td></tr>
<tr><td>訪問介護</td><td rowspan="7">11.40円</td><td rowspan="7">11.12円</td><td rowspan="7">11.05円</td><td rowspan="7">10.84円</td><td rowspan="7">10.70円</td><td rowspan="7">10.42円</td><td rowspan="7">10.21円</td><td rowspan="7">10円</td></tr>
<tr><td>訪問入浴介護</td></tr>
<tr><td>訪問看護</td></tr>
<tr><td>居宅介護支援</td></tr>
<tr><td>介護予防支援</td></tr>
<tr><td>定期巡回・随時対応型訪問介護看護</td></tr>
<tr><td>夜間対応型訪問介護</td></tr>
<tr><td>訪問リハビリテーション</td><td rowspan="6">11.10円</td><td rowspan="6">10.88円</td><td rowspan="6">10.83円</td><td rowspan="6">10.66円</td><td rowspan="6">10.55円</td><td rowspan="6">10.33円</td><td rowspan="6">10.17円</td><td rowspan="6">10円</td></tr>
<tr><td>通所リハビリテーション</td></tr>
<tr><td>認知症対応型通所介護</td></tr>
<tr><td>小規模多機能型居宅介護</td></tr>
<tr><td>看護小規模多機能型居宅介護</td></tr>
<tr><td>短期入所生活介護</td></tr>
<tr><td>通所介護</td><td rowspan="10">10.90円</td><td rowspan="10">10.72円</td><td rowspan="10">10.68円</td><td rowspan="10">10.54円</td><td rowspan="10">10.45円</td><td rowspan="10">10.27円</td><td rowspan="10">10.14円</td><td rowspan="10">10円</td></tr>
<tr><td>地域密着型通所介護</td></tr>
<tr><td>短期入所療養介護</td></tr>
<tr><td>特定施設入居者生活介護</td></tr>
<tr><td>認知症対応型共同生活介護</td></tr>
<tr><td>介護老人福祉施設</td></tr>
<tr><td>介護老人保健施設</td></tr>
<tr><td>介護医療院</td></tr>
<tr><td>地域密着型特定施設入居者生活介護</td></tr>
<tr><td>地域密着型介護老人福祉施設入所者生活介護</td></tr>
</table>

※介護予防サービス含む

令和６年度から令和８年度までの間の地域区分の適用地域

	1級地	2級地	3級地	4級地	5級地	6級地
上乗せ割合	20%	16%	15%	12%	10%	6%
地域	東京都 特別区	東京都 調布市（3） 町田市 狛江市 多摩市 神奈川県 横浜市 川崎市 大阪府 大阪市	埼玉県 さいたま市 千葉県 千葉市 浦安市（4） 東京都 八王子市 武蔵野市 三鷹市 青梅市 府中市 小金井市 小平市 日野市 東村山市 国分寺市 国立市 清瀬市 東久留米市 稲城市 西東京市 神奈川県 鎌倉市 厚木市（4） 愛知県 名古屋市 刈谷市（4） 豊田市（4） 大阪府 守口市 大東市 門真市 兵庫県 西宮市 芦屋市 宝塚市	茨城県 牛久市 埼玉県 朝霞市 志木市 和光市 千葉県 船橋市 成田市 習志野市 東京都 立川市 昭島市 東大和市 神奈川県 相模原市 横須賀市（5） 藤沢市 逗子市 三浦市（6） 海老名市 大阪府 豊中市 池田市 吹田市 高槻市 寝屋川市 箕面市 四條畷市（3） 兵庫県 神戸市	茨城県 水戸市 日立市 龍ケ崎市 取手市 つくば市 守谷市 埼玉県 川口市（6） 草加市（6） 戸田市（6） 新座市 八潮市（6） ふじみ野市 千葉県 市川市 松戸市 佐倉市 市原市 八千代市 四街道市 袖ケ浦市（6） 印西市 栄町 東京都 福生市 あきる野市 日の出町 神奈川県 平塚市 小田原市 茅ヶ崎市 大和市 伊勢原市 座間市 綾瀬市 葉山町（6） 寒川町 愛川町 愛知県 知立市（6） 豊明市（6） みよし市 滋賀県 大津市 草津市 栗東市（6） 京都府 京都市 長岡京市（6） 大阪府 堺市 枚方市 茨木市 八尾市 松原市 摂津市 高石市 東大阪市 交野市 兵庫県 尼崎市 伊丹市 川西市 三田市 広島県 広島市 府中町 福岡県 福岡市 春日市	宮城県 仙台市 多賀城市 茨城県 土浦市 古河市 利根町 栃木県 宇都宮市 野木町 群馬県 高崎市 埼玉県 川越市 行田市 所沢市 飯能市 加須市 東松山市 春日部市 狭山市 羽生市 鴻巣市 上尾市 越谷市 蕨市 入間市 桶川市 久喜市 北本市 富士見市 三郷市 蓮田市 坂戸市 幸手市 鶴ヶ島市 吉川市 白岡市 伊奈町 三芳町 宮代町 杉戸町 松伏町 千葉県 木更津市（7） 野田市 茂原市 柏市 流山市 我孫子市 鎌ケ谷市 白井市 酒々井町
地域数	23（23）	7（6）	29（27）	24（25）	59（51）	137（140）

※ この表に掲げる名称は、令和６年４月１日においてそれらの名称を有する市、町、村又は特別区の同日における区域によって示された地域。
※ 下線は、級地の変更がある市町村。
※ 括弧内は、現行（令和３年度から令和５年度までの間）の級地。

自治体：1,741（R5.12.1現在）

	7級地	その他
	3%	0%
東京都 武蔵村山市 羽村市 瑞穂町 奥多摩町 檜原村 神奈川県 秦野市 大磯町 二宮町 中井町（他） 清川村 岐阜県 岐阜市 静岡県 静岡市 愛知県 岡崎市 一宮市（7） 瀬戸市 春日井市 津島市 碧南市 安城市 西尾市 犬山市（7） 江南市（7） 稲沢市 尾張旭市（7） 岩倉市（7） 日進市 愛西市 清須市 北名古屋市 弥富市 あま市 長久手市 東郷町 大治町 蟹江町 豊山町 飛島村 三重県 津市 四日市市 桑名市 鈴鹿市 亀山市 滋賀県 彦根市 守山市 甲賀市 京都府 宇治市 亀岡市 城陽市（7） 向日市 八幡市 京田辺市 木津川市 大山崎町（7） 精華町 大阪府 岸和田市 泉大津市 貝塚市 泉佐野市 富田林市 河内長野市 和泉市 柏原市 羽曳野市 藤井寺市 泉南市 大阪狭山市 阪南市 島本町 豊能町 能勢町 忠岡町 熊取町 田尻町 岬町 太子町 河南町 千早赤阪村 兵庫県 明石市 猪名川町 奈良県 奈良市 大和郡山市 生駒市 和歌山県 和歌山市 橋本市 福岡県 大野城市 太宰府市 福津市 糸島市 那珂川市 粕屋町	北海道 札幌市 茨城県 結城市 下妻市 常総市 笠間市 ひたちなか市 那珂市 筑西市 坂東市 稲敷市 つくばみらい市 大洗町 阿見町 河内町 八千代町 五霞町 境町 栃木県 栃木市 鹿沼市 日光市 小山市 真岡市 大田原市 さくら市 下野市（6） 壬生町 群馬県 前橋市 伊勢崎市 太田市 渋川市 榛東村（他） 吉岡町（他） 玉村町 埼玉県 熊谷市 深谷市 日高市 毛呂山町 越生町 滑川町 川島町 吉見町 鳩山町 寄居町 千葉県 東金市 君津市 富津市 八街市 富里市 山武市 大網白里市 長柄町 長南町 神奈川県 南足柄市（他） 山北町 箱根町 新潟県 新潟市 富山県 富山市 石川県 金沢市 内灘町 福井県 福井市 山梨県 甲府市 南アルプス市（他） 南部町（他） 長野県 長野市 松本市 塩尻市 岐阜県 大垣市 多治見市 美濃加茂市（他） 各務原市 可児市 静岡県 浜松市 沼津市 三島市 富士宮市 島田市 富士市 磐田市 焼津市 掛川市 藤枝市 御殿場市 袋井市 裾野市 函南町 清水町 長泉町 小山町 川根本町 森町 愛知県 豊橋市 半田市 豊川市 蒲郡市 常滑市 小牧市 新城市 東海市 大府市 知多市 高浜市 田原市 大口町 扶桑町 阿久比町 東浦町 武豊町（他） 幸田町 設楽町 東栄町 豊根村 三重県 名張市 いなべ市 伊賀市 木曽岬町 東員町 菰野町 朝日町 川越町 滋賀県 長浜市 近江八幡市（他） 野洲市 湖南市 高島市 東近江市 日野町 竜王町（他） 京都府 久御山町 兵庫県 姫路市 加古川市 三木市 高砂市 稲美町 播磨町 奈良県 大和高田市（6） 天理市 橿原市 桜井市 御所市 香芝市 葛城市 宇陀市 山添村 平群町 三郷町 斑鳩町 安堵町 川西町 三宅町 田原本町 曽爾村 明日香村 上牧町 王寺町 広陵町 河合町 岡山県 岡山市 広島県 東広島市 廿日市市 海田町 熊野町（他） 坂町 山口県 周南市 徳島県 徳島市 香川県 高松市 福岡県 北九州市 飯塚市 筑紫野市 古賀市 長崎県 長崎市	その他の地域
	170（166）	1292（1303）

基本報酬の見直し（改定率）

概要

○改定率については、介護現場で働く方々の処遇改善を着実に行いつつ、サービス毎の経営状況の違いも踏まえたメリハリのある対応を行うことで、全体で＋ 1.59％を確保。そのうち、介護職員の処遇改善分＋ 0.98％、その他の改定率として、賃上げ税制を活用しつつ、介護職員以外の処遇改善を実現できる水準として＋ 0.61％。

○これを踏まえて、介護職員以外の賃上げが可能となるよう、各サービスの経営状況にも配慮しつつ＋ 0.61％の改定財源について、基本報酬に配分する。

令和６年度介護報酬改定に関する
「大臣折衝事項」　　（令和5年12月20日）（抄）

令和６年度介護報酬改定については、介護現場で働く方々の処遇改善を着実に行いつつ、サービス毎の経営状況の違いも踏まえたメリハリのある対応を行うことで、改定率は全体で＋ 1.59％（国費 432 億円）とする。具体的には以下の点を踏まえた対応を行う。

・介護職員の処遇改善分として、上記＋ 1.59％のうち＋ 0.98％を措置する（介護職員の処遇改善分は令和６年６月施行）。その上で、賃上げ税制を活用しつつ、介護職員以外の処遇改善を実現できる水準として、＋ 0.61％を措置する。

・このほか、改定率の外枠として、処遇改善加算の一本化による賃上げ効果や、光熱水費の基準費用額の増額による介護施設の増収効果が見込まれ、これらを加えると、＋ 0.45％相当の改定となる。

・既存の加算の一本化による新たな処遇改善加算の創設に当たっては、今般新たに追加措置する処遇改善分を活用し、介護現場で働く方々にとって、令和６年度に 2.5％、令和７年度に 2.0％のベースアップへと確実につながるよう、配分方法の工夫を行う。あわせて、今回の改定が、介護職員の処遇改善に与える効果について、実態を把握する。

・今回の報酬改定では、処遇改善分について２年分を措置し、３年目の対応については、上記の実態把握を通じた処遇改善の実施状況等や財源とあわせて令和８年度予算編成過程で検討する。

令和６年度介護報酬改定の施行時期について（主な事項）

○令和６年度介護報酬改定の施行時期については、令和６年度診療報酬改定が令和６年６月１日施行とされたこと等を踏まえ、以下のとおりとする。

▶６月１日施行とするサービス

・訪問看護
・訪問リハビリテーション
・居宅療養管理指導
・通所リハビリテーション

▶４月１日施行とするサービス

・上記以外のサービス

○令和６年度介護報酬改定における処遇改善関係加算の加算率の引上げについては、予算編成過程における検討を踏まえ、令和６年６月１日施行とする。これを踏まえ、加算の一本化についても令和６年６月１日施行とするが、現行の処遇改善関係加算について事業所内での柔軟な職種間配分を認めることとする改正は、令和６年４月１日施行とする。

○補足給付に関わる見直しは、以下のとおりとする。

▶令和６年８月１日施行とする事項

・基準費用額の見直し

▶令和７年８月１日施行とする事項

・多床室の室料負担

補足給付（低所得者の食費・居住費の負担軽減）の仕組み（令和６年８月～）

○食費・居住費について、利用者負担第１～第３段階②の方を対象に、所得に応じた負担限度額を設定。

○標準的な費用の額（基準費用額）と負担限度額との差額を、介護保険から特定入所者介護（予防）サービス費として給付。

	利用者負担段階	主な対象者 ※ 平成28年８月以降は、非課税年金も含む。		預貯金額（夫婦の場合）（※）
負担軽減の対象となる低所得者	第1段階	・生活保護受給者		要件なし
		・世帯（世帯を分離している配偶者を含む。以下同じ。）全員が市町村民税非課税である老齢福祉年金受給者		1,000万円（2,000万円）以下
	第2段階	・世帯全員が市町村民税非課税	年金収入金額（※）＋合計所得金額が80万円以下	650万円（1,650万円）以下
	第3段階①		年金収入金額（※）＋合計所得金額が80万円超～120万円以下	550万円（1,550万円）以下
	第3段階②		年金収入金額（※）＋合計所得金額が120万円超	500万円（1,500万円）以下
	第4段階	・世帯に課税者がいる者 ・市町村民税本人課税者		

			基準費用額（日額（月額））	負担限度額（日額（月額））※短期入所生活介護等（日額）【】はショートステイの場合			
				第１段階	第２段階	第３段階①	第３段階②
食費			1,445円（4.4万円）	300円（0.9万円） 【300円】	390円（1.2万円） 【600円（1.8万円）】	650円（2.0万円） 【1,000円（3.0万円）】	1,360円（4.1万円） 【1,300円（4.0万円）】
居住費	多床室	特養等	915円（2.8万円）	0円（ 0万円）	430円（1.3万円）	430円（1.3万円）	430円（1.3万円）
		老健・医療院等	437円（1.3万円）	0円（ 0万円）	430円（1.3万円）	430円（1.3万円）	430円（1.3万円）
	従来型個室	特養等	1,231円（3.7万円）	380円（1.2万円）	480円（1.5万円）	880円（2.7万円）	880円（2.7万円）
		老健・医療院等	1,728円（5.3万円）	550円（1.7万円）	550円（1.7万円）	1,370円（4.2万円）	1,370円（4.2万円）
	ユニット型個室的多床室		1,728円（5.3万円）	550円（1.7万円）	550円（1.7万円）	1,370円（4.2万円）	1,370円（4.2万円）
	ユニット型個室		2,066円（6.3万円）	880円（2.6万円）	880円（2.6万円）	1,370円（4.2万円）	1,370円（4.2万円）

補足給付（低所得者の食費・居住費の負担軽減）の仕組み（令和７年８月～）

○食費・居住費について、利用者負担第１～第３段階②の方を対象に、所得に応じた負担限度額を設定。

○標準的な費用の額（基準費用額）と負担限度額との差額を、介護保険から特定入所者介護（予防）サービス費として給付。

	利用者負担段階	主な対象者		預貯金額（夫婦の場合）（※）
		※ 平成28年８月以降は、非課税年金も含む。		
負担軽減の対象となる低所得者	第1段階	・生活保護受給者		要件なし
		・世帯（世帯を分離している配偶者を含む。以下同じ。）全員が市町村民税非課税である老齢福祉年金受給者		1,000万円（2,000万円）以下
	第2段階	・世帯全員が市町村民税非課税	年金収入金額（※）＋合計所得金額が80万円以下	650万円（1,650万円）以下
	第3段階①		年金収入金額（※）＋合計所得金額が80万円超～120万円以下	550万円（1,550万円）以下
	第3段階②		年金収入金額（※）＋合計所得金額が120万円超	500万円（1,500万円）以下
	第4段階	・世帯に課税者がいる者 ・市町村民税本人課税者		

			基準費用額（日額（月額））	負担限度額（日額（月額））※短期入所生活介護等（日額）【】はショートステイの場合 第１段階	第２段階	第３段階①	第３段階②
食費			1,445円（4.4万円）	300円（0.9万円）【300円】	390円（1.2万円）【600円（1.8万円）】	650円（2.0万円）【1,000円（3.0万円）】	1,360円（4.1万円）【1,300円（4.0万円）】
居住費	多床室	特養等	915円（2.8万円）	0円（0万円）	430円（1.3万円）	430円（1.3万円）	430円（1.3万円）
		老健・医療院（室料を徴収する場合）	697円（2.1万円）	0円（0万円）	430円（1.3万円）	430円（1.3万円）	430円（1.3万円）
		老健・医療院等（室料を徴収しない場合）	437円（1.3万円）	0円（0万円）	430円（1.3万円）	430円（1.3万円）	430円（1.3万円）
	従来型個室	特養等	1,231円（3.7万円）	380円（1.2万円）	480円（1.5万円）	880円（2.7万円）	880円（2.7万円）
		老健・医療院等	1,728円（5.3万円）	550円（1.7万円）	550円（1.7万円）	1,370円（4.2万円）	1,370円（4.2万円）
	ユニット型個室的多床室		1,728円（5.3万円）	550円（1.7万円）	550円（1.7万円）	1,370円（4.2万円）	1,370円（4.2万円）
	ユニット型個室		2,066円（6.3万円）	880円（2.6万円）	880円（2.6万円）	1,370円（4.2万円）	1,370円（4.2万円）

全サービス・複数サービス共通

全サービス共通

①人員配置基準における両立支援への配慮

②管理者の責務及び兼務範囲の明確化

③いわゆるローカルルールについて

④「書面掲示」規制の見直し

複数サービス共通

※各改定事項概要欄の上部に、対象サービスを記載（介護予防についても同様の措置を講ずる場合には★を付記）しています。

①業務継続計画未策定事業所に対する減算の導入★

②高齢者虐待防止の推進★

③身体的拘束等の適正化の推進★

④介護職員の処遇改善★

⑤テレワークの取扱い★

⑥外国人介護人材に係る人員配置基準上の取扱いの見直し★

⑦特別地域加算、中山間地域等の小規模事業所加算及び中山間地域に居住する者へのサービス提供加算の対象地域の明確化★

⑧ 特別地域加算の対象地域の見直し★

① 人員配置基準における両立支援への配慮

概要

○各サービスの人員配置基準や報酬算定について、以下の見直しを行う。

(ア)「常勤」の計算に当たり、職員が育児・介護休業法等による育児・介護等の短時間勤務制度を利用する場合に加えて、「治療と仕事の両立ガイドライン」に沿って事業者が設ける短時間勤務制度等を利用する場合にも、週30時間以上の勤務で「常勤」として扱うことを認める。

(イ)「常勤換算方法」の計算に当たり、職員が「治療と仕事の両立ガイドライン」に沿って事業者が設ける短時間勤務制度等を利用する場合、週30時間以上の勤務で常勤換算での計算上も1(常勤)と扱うことを認める。

基準・算定要件等

○ 運営基準の解釈通知及び報酬算定上の留意事項通知について、「常勤」及び「常勤換算方法」に係る取扱いを以下のように改正する。

新

	母性健康管理措置による短時間勤務	育児・介護休業法による短時間勤務制度	**「治療と仕事の両立ガイドライン」に沿って事業者が自主的に設ける短時間勤務制度**
「常勤」※の取扱い：週30時間以上の勤務で常勤扱い	○	○	○ **(新設)**
「常勤換算」※の取扱い：週30時間以上の勤務で常勤換算での計算上も1(常勤)と扱うことを認める	○	○	○ **(新設)**

※ 人員配置基準上の「常勤」及び「常勤換算方法」の計算においては、常勤の従業者が勤務すべき時間数(32時間を下回る場合は32時間を基本)勤務している者を「常勤」として取り扱うこととしている。

「ガイドライン」では、がん、脳卒中、心疾患、糖尿病、肝炎、その他難病など、反復・継続して治療が必要となる疾患を対象としており、短期で治癒する疾患は対象としていません。

② 管理者の責務及び兼務範囲の明確化

概要

○提供する介護サービスの質を担保しつつ、介護サービス事業所を効率的に運営する観点から、管理者の責務について、利用者へのサービス提供の場面等で生じる事象を適時かつ適切に把握しながら、職員及び業務の一元的な管理・指揮命令を行うことである旨を明確化した上で、管理者が兼務できる事業所の範囲について、管理者がその責務を果たせる場合には、同一敷地内における他の事業所、施設等ではなくても差し支えない旨を明確化する。

ポイント

1人の管理者がいくつもの事業所の管理者を兼務する場合、個々の事業所の質の担保がなされているかが肝要。

③ いわゆるローカルルールについて

概要

○都道府県及び市町村に対して、人員配置基準に係るいわゆるローカルルールについて、あくまでも厚生労働省令に従う範囲内で地域の実情に応じた内容とする必要があること、事業者から説明を求められた場合には当該地域における当該ルールの必要性を説明できるようにすること等を求める。

ポイント

厚生労働省令を無視した行き過ぎたローカルルールが横行している問題への対応。特に地域密着サービス。事業者側も省令を把握・理解し、理論武装することが重要です。

④「書面掲示」規制の見直し

概要

○運営基準省令上、事業所の運営規程の概要等の重要事項等については、原則として事業所内での「書面掲示」を求めている一方、備え付けの書面（紙ファイル等）又は電磁的記録の供覧により、書面による壁面等への掲示を代替できる規定になっているところ、「書面掲示」に加え、インターネット上で情報の閲覧が完結するよう、介護サービス事業者は、原則として重要事項等の情報をウェブサイト（法人のホームページ等又は情報公表システム上）に掲載・公表しなければならないこととする。（※令和７年度から義務付け）

① 業務継続計画未策定事業所に対する減算の導入★

【全サービス（居宅療養管理指導★、特定福祉用具販売★を除く）】

概要

○感染症や災害の発生時に継続的にサービス提供できる体制を構築するため、業務継続計画が未策定の際は、基本報酬を減算する。
〈経過措置１年間（※）〉

単位数

業務継続計画未策定減算

施設・居住系サービス	所定単位数の 100 分の 3 に相当する単位数を減算
その他のサービス	所定単位数の 100 分の 1 に相当する単位数を減算

※ 令和７年３月 31 日までの間、感染症の予防及びまん延の防止のための指針の整備及び非常災害に関する具体的計画の策定を行っている場合には、減算を適用しない。訪問系サービス、福祉用具貸与、居宅介護支援については、令和７年３月 31 日までの間、減算を適用しない。

算定要件

感染症もしくは災害のいずれか又は両方の業務継続計画が策定されていない場合

② 高齢者虐待防止の推進★

【全サービス（居宅療養管理指導★、特定福祉用具販売★を除く）】

概要

○利用者の人権の擁護、虐待の防止等をより推進する観点から、虐待の発生又はその再発を防止するための措置が講じられていない場合に、基本報酬を減算する。

単位数

新	高齢者虐待防止措置未実施減算	所定単位数の 100 分の 1 に相当する単位数を減算

※ 平成 18 年度に施設・居住系サービスに身体拘束廃止未実施減算を導入した際は、５単位 / 日減算であったが、各サービス毎に基本サービス費や算定方式が異なることを踏まえ、定率で設定。なお、短期入所系・多機能系サービスは所定単位数から平均して９単位程度 / 日の減算となる。

算定要件

虐待の発生又はその再発を防止するための措置（虐待の発生又はその再発を防止するための委員会の開催、指針の整備、研修の実施、担当者を定めること）が講じられていない場合

※福祉用具貸与については、３年間の経過措置期間を設ける。

③ 身体的拘束等の適正化の推進★

【ア：短期入所系サービス★、多機能系サービス★、イ：訪問系サービス★、通所系サービス★、福祉用具貸与★、特定福祉用具販売★、居宅介護支援★】

基準

ア　短期入所系サービス及び多機能系サービスの運営基準に以下の措置を講じなければならない旨を規定する。

・身体的拘束等の適正化のための対策を検討する委員会を３月に１回以上開催するとともに、その結果について、介護職員その他従業者に周知徹底を図ること。

・身体的拘束等の適正化のための指針を整備すること。

・介護職員その他の従業者に対し、身体的拘束等の適正化のための研修を定期的に実施すること。

イ　訪問系サービス、通所系サービス、福祉用具貸与、特定福祉用具販売及び居宅介護支援の運営基準に以下を規定する。

・利用者又は他の利用者等の生命又は身体を保護するため緊急やむを得ない場合を除き、身体的拘束等を行ってはならないこと。

・身体的拘束等を行う場合には、その態様及び時間、その際の利用者の心身の状況並びに緊急やむを得ない理由を記録しなければならないこと。

単位数

【短期入所系サービス★、多機能系サービス★】

	**身体拘束廃止未実施減算**	所定単位数の 100 分の 1 に相当する単位数を減算

※ 平成 18 年度に施設・居住系サービスに身体拘束廃止未実施減算を導入した際は、５単位 / 日減算であったが、各サービス毎に基本サービス費や算定方式が異なることを踏まえ、定率で設定。なお、短期入所系・多機能系サービスは所定単位数から平均して９単位程度 / 日の減算となる。

算定要件等

○身体的拘束等の適正化を図るため、以下の措置が講じられていない場合

・身体的拘束等を行う場合には、その態様及び時間、その際の入所者の心身の状況並びに緊急やむを得ない理由を記録すること

・身体的拘束等の適正化のための対策を検討する委員会を３月に１回以上開催するとともに、その結果について、介護職員その他従業者に周知徹底を図ること

・身体的拘束等の適正化のための指針を整備すること

・介護職員その他の従業者に対し、身体的拘束等の適正化のための研修を定期的に実施すること

④ 介護職員の処遇改善★

【訪問介護、訪問入浴介護★、通所介護、地域密着型通所介護、療養通所介護、認知症対応型通所介護★、通所リハビリテーション★、短期入所生活介護★、短期入所療養介護★、特定施設入居者生活介護★、地域密着型特定施設入居者生活介護、定期巡回・随時対応型訪問介護看護、夜間対応型訪問介護、小規模多機能型居宅介護★、認知症対応型共同生活介護★、看護小規模多機能型居宅介護、介護老人福祉施設、地域密着型介護老人福祉施設入所者生活介護、介護老人保健施設、介護医療院】

概要

○介護現場で働く方々にとって、令和６年度に 2.5%、令和７年度に 2.0% のベースアップへと確実につながるよう加算率の引上げを行う。

○介護職員処遇改善加算、介護職員等特定処遇改善加算、介護職員等ベースアップ等支援加算について、現行の各加算・各区分の要件及び加算率を組み合わせた４段階の「介護職員等処遇改善加算」に一本化を行う。

※一本化後の加算については、事業所内での柔軟な職種間配分を認める。また、人材確保に向けてより効果的な要件とする等の観点から、月額賃金の改善に関する要件及び職場環境等要件を見直す。

単位数

※介護職員等処遇改善加算を除く加減算後の総報酬単位数に以下の加算率を乗じる。加算率はサービス毎の介護職員の常勤換算職員数に基づき設定。

サービス区分	介護職員等処遇改善加算			
	Ⅰ	Ⅱ	Ⅲ	Ⅳ
訪問介護・夜間対応型訪問介護・定期巡回・随時対応型訪問介護看護	24.5%	22.4%	18.2%	14.5%
訪問入浴介護★	10.0%	9.4%	7.9%	6.3%
通所介護・地域密着型通所介護	9.2%	9.0%	8.0%	6.4%
通所リハビリテーション★	8.6%	8.3%	6.6%	5.3%
特定施設入居者生活介護★・地域密着型特定施設入居者生活介護	12.8%	12.2%	11.0%	8.8%
認知症対応型通所介護★	18.1%	17.4%	15.0%	12.2%
小規模多機能型居宅介護★・看護小規模多機能型居宅介護	14.9%	14.6%	13.4%	10.6%
認知症対応型共同生活介護★	18.6%	17.8%	15.5%	12.5%
介護老人福祉施設・地域密着型介護老人福祉施設・短期入所生活介護★	14.0%	13.6%	11.3%	9.0%
介護老人保健施設・短期入所療養介護（介護老人保健施設）★	7.5%	7.1%	5.4%	4.4%
介護医療院・短期入所療養介護（介護医療院）★・短期入所療養介護（病院等）★	5.1%	4.7%	3.6%	2.9%

（注）令和６年度末までの経過措置期間を設け、経過措置期間中は、現行の３加算の取得状況に基づく加算率を維持した上で、今般の改定による加算率の引上げを受けることができるようにすることなどの激変緩和措置を講じる。

算定要件等

○一本化後の新加算全体について、職種に着目した配分ルールは設けず、事業所内で柔軟な配分を認める。

○新加算のいずれの区分を取得している事業所においても、新加算Ⅳの加算額の1／２以上を月額賃金の改善に充てることを要件とする。

※それまでベースアップ等支援加算を取得していない事業所が、一本化後の新加算を新たに取得する場合には、収入として新たに増加するベースアップ等支援加算相当分の加算額については、その2／３以上を月額賃金の改善として新たに配分することを求める。

【　】内は加算率

新加算（介護職員等処遇改善加算）	要件	対応する現行の加算等※	新加算の趣旨
Ⅰ	**新加算（Ⅱ）に加え、以下の要件を満たすこと** ・経験技能のある介護職員を事業所内で一定割合以上配置していること（訪問介護の場合、介護福祉士 30% 以上） 【24.,5%】	a. 処遇改善加算（Ⅰ）【13.7%】 b. 特定処遇加算（Ⅰ）【6.3%】 c. ベースアップ等支援加算【2.4%】	事業所内の経験・技能のある職員を充実
Ⅱ	**新加算（Ⅲ）に加え、以下の要件を満たすこと** ・改善後の賃金年額 440 万円以上が 1 人以上 **・職場環境の更なる改善、見える化【見直し】** **・~~グループごとの配分ルール~~【撤廃】** 【22.4%】	a. 処遇改善加算（Ⅰ）【13.7%】 b. 特定処遇加算（Ⅱ）【4.2%】 c. ベースアップ等支援加算【2.4%】	総合的な職場環境改善による職員の定着促進
Ⅲ	**新加算（Ⅳ）に加え、以下の要件を満たすこと** ・資格や勤続年数等に応じた昇給の仕組みの整備 【18.2%】	a. 処遇改善加算（Ⅰ）【13.7%】 b. ベースアップ等支援加算【2.4%】	資格や経験に応じた昇給の仕組みの整備
Ⅳ	**新加算（Ⅳ）の 1/2（7.2%）以上を月額賃金で配分【新規】** **・職場環境の改善（職場環境等要件）【見直し】** ・賃金体系等の整備及び研修の実施等 【14.5%】	a. 処遇改善加算（Ⅱ）【10.0%】 b. ベースアップ等支援加算【2.4%】	介護職員の基本的な待遇改善・ベースアップ等

※加算率は訪問介護のものを例として記載

新加算（Ⅰ～Ⅳ）は、加算・賃金改善額の職種間配分ルールを統一（介護職員への配分を基本とし、特に経験・技能のある職員に重点的に配分することとするが、事業所内で柔軟な配分を認める）。

⑤ テレワークの取扱い★

【全サービス（居宅療養管理指導★を除く）】

概要

○人員配置基準等で具体的な必要数を定めて配置を求めている職種のテレワークに関して、個人情報を適切に管理していること、利用者の処遇に支障が生じないこと等を前提に、取扱いの明確化を行い、職種や業務ごとに具体的な考え方を示す。

⑥ 外国人介護人材に係る人員配置基準上の取扱いの見直し★

【通所系サービス★、短期入所系サービス★、居住系サービス★、多機能系サービス★、施設系サービス】

概要

○人員配置基準に係る取扱いについて見直しを行う。具体的には、事業者が、外国人介護職員の日本語能力や指導の実施状況、管理者や指導職員等の意見等を勘案し、当該外国人介護職員を人員配置基準に算入することについて意思決定を行った場合には、就労開始直後から人員配置基準に算入して差し支えない。その際、以下の要件を設ける。

（ア）一定の経験のある職員とチームでケアを行う体制とすること。

（イ）安全対策担当者の配置、指針の整備や研修の実施など、組織的に安全対策を実施する体制を整備していること。 併せて、人員配置基準への算入の有無にかかわらず、研修又は実習のための指導職員の配置や、計画に基づく技能等の修得や学習への配慮など、法令等に基づき、受入れ施設において適切な指導及び支援体制の確保が必要であることを改めて周知する。

算定要件等

○次のいずれかに該当するものについては、職員等の配置の基準を定める法令の適用について職員等とみなしても差し支えないこととする。

・受入れ施設において就労を開始した日から６月を経過した外国人介護職員

・受入れ施設において就労を開始した日から６月を経過していない外国人介護職員であって、受入れ施設（適切な研修体制及び安全管理体制が整備されているものに限る。）に係る事業を行う者が当該外国人介護職員の日本語の能力及び研修の実施状況並びに当該受入れ施設の管理者、研修責任者その他の職員の意見等を勘案し、当該外国人介護職員を職員等の配置の基準を定める法令の適用について職員等とみなすこととしたもの

・日本語能力試験 N1 又は N2 に合格した者

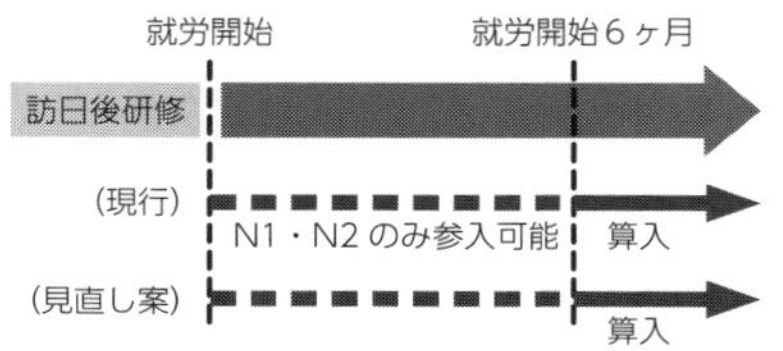

※ N1・N2 に加え、受入れ事業者が配置基準に算入することとした場合に算入可能

⑦ 特別地域加算、中山間地域等の小規模事業所加算及び中山間地域に居住する者へのサービス提供加算の対象地域の明確化★

【訪問系サービス★、通所系サービス★、多機能系サービス★、福祉用具貸与★、居宅介護支援】

概要

○過疎地域の持続的発展の支援に関する特別措置法において、「過疎地域」とみなして同法の規定を適用することとされている地域等が、特別地域加算、中山間地域等の小規模事業所加算及び中山間地域に居住する者へのサービス提供加算の算定対象地域に含まれることを明確化する。

基　準

	算定要件	単位数
特別地域加算	別に厚生労働大臣が定める地域（※１）に所在する事業所が、サービス提供を行った場合	所定単位数に 15/100 を乗じた単位数
中山間地域等における小規模事業所加算	別に厚生労働大臣が定める地域（※２）に所在する事業所が、サービス提供を行った場合	所定単位数に 10/100 を乗じた単位数
中山間地域等に居住する者へのサービス提供加算	別に厚生労働大臣が定める地域（※３）に居住する利用者に対し、通常の事業の実施地域を越えて、サービス提供を行った場合	所定単位数に 5/100 を乗じた単位数

※１ ①離島振興対策実施地域、②奄美群島、③振興山村、④小笠原諸島、⑤沖縄の離島、⑥豪雪地帯、特別豪雪地帯、辺地、**過疎地域**等であって、人口密度が希薄、交通が不便等の理由によりサービスの確保が著しく困難な地域

※２ ①豪雪地帯及び特別豪雪地帯、②辺地、③半島振興対策実施地域、④特定農山村、**⑤過疎地域**

※３ ①離島振興対策実施地域、②奄美群島、③豪雪地帯及び特別豪雪地帯、④辺地、⑤ 振興山村、⑥小笠原諸島、⑦半島振興対策実施地域、⑧特定農山村地域、**⑨過疎地域**、⑩沖縄の離島

⑧ 特別地域加算の対象地域の見直し★

【訪問系サービス★、多機能系サービス★、福祉用具貸与★、居宅介護支援】

概要

○過疎地域その他の地域で、人口密度が希薄、交通が不便等の理由によりサービスの確保が著しく困難であると認められる地域であって、特別地域加算の対象として告示で定めるものについて、前回の改正以降、新たに加除する必要が生じた地域において、都道府県及び市町村から加除の必要性等を聴取した上で、見直しを行う。

事業一覧

（介護予防についても同様の措置を講ずる場合には★を付記）しています。

- 居介 居宅介護支援・介護予防支援
- 訪介 訪問介護
- 通介 通所介護・地域密着型通所介護
- 療通 療養通所介護
- 認通 認知症対応型通所介護
- 通リ 通所リハビリテーション
- 訪看 訪問看護
- 貸与 福祉用具貸与・特定福祉用具販売
- 訪入 訪問入浴介護
- 訪リ 訪問リハビリテーション
- 短生 短期入所生活介護
- 短療 短期入所療養介護
- 療管 居宅療養管理指導
- 小多 小規模多機能型居宅介護
- 看多 看護小規模多機能型居宅介護
- 認共 認知症対応型共同生活介護
- 定随 定期巡回・随時対応型訪問介護看護
- 夜訪 夜間対応型訪問介護
- 特定 特定施設入居者生活介護・地域密着型特定施設入居者生活介護
- 老福 介護老人福祉施設・地域密着型介護老人福祉施設入所者生活介護
- 老健 介護老人保健施設
- 介医 介護医療院
- 総合 介護予防・日常生活支援総合事業（第１号事業）

居宅介護支援・介護予防支援

居宅介護支援は特定加算のハードル緩和。
予防支援は負担軽減策が各種。

01 基本報酬

単位数

以下の単位数はすべて1月あたり

◉居宅介護支援費（Ⅰ）：居宅介護支援費（Ⅱ）を算定していない事業所

○居宅介護支援（ⅰ）

・ケアマネジャー1人当たりの取扱件数が45未満である場合又は45以上である場合において、45未満の部分

a 要介護1又2	1,076単位	➡	**1,086**単位
b 要介護3、4又は5	1,398単位	➡	**1,411**単位

○居宅介護支援（ⅱ）

・ケアマネジャー1人当たりの取扱件数が45以上である場合において、45以上60未満の部分

a 要介護1又2	539単位	➡	**544**単位
b 要介護3、4又は5	698単位	➡	**704**単位

○居宅介護支援（ⅲ）

・ケアマネジャー1人当たりの取扱件数が50以上である場合において、60以上の部分

a 要介護1又2	323単位	➡	**326**単位
b 要介護3、4又は5	418単位	➡	**422**単位

◉居宅介護支援費（Ⅱ）

○居宅介護支援（ⅰ）

※居宅介護支援費（Ⅱ）については、指定居宅サービス事業者等との間で居宅サービス計画に係るデータを電子的に送受信するためのシステムの活用及び事務職員の配置を行っている事業所が算定できる。
ケアマネジャー１人当たりの取扱件数が50未満である場合又は50以上である場合において、50未満の部分。

a 要介護１又２	1,076単位	➡	**1,086**単位
b 要介護３、４又は５	1,398単位	➡	**1,411**単位

○居宅介護支援（ⅱ）

・ケアマネジャー１人当たりの取扱件数が50以上である場合において、50以上60未満の部分

a 要介護１又２	522単位	➡	**527**単位
b 要介護３、４又は５	677単位	➡	**683**単位

○居宅介護支援（ⅲ）

・ケアマネジャー１人当たりの取扱件数が50以上である場合において、60以上の部分

a 要介護１又２	313単位	➡	**316**単位
b 要介護３、４又は５	406単位	➡	**410**単位

◉介護予防支援費

地域包括支援センターが行う場合	438単位	➡	**442**単位
指定居宅介護支援事業所が行う場合		新➡	**472**単位

02 主な加算

高齢者虐待防止措置未実施減算	− 1 ／ 100
業務継続計画未策定減算	− 1 ／ 100
事業所と同一建物の利用者又はこれ以外の同一建物の利用者 20 人以上に居宅介護支援を行う場合	× 95 ／ 100
特定事業所集中減算	− 200/ 月
運営基準減算	× 50/100　　* 減算が 2 月以上継続している場合は算定しない
初回加算	＋ 300/ 月
特定事業所加算（Ⅰ)、(Ⅱ)、(Ⅲ)、(A)	＋ 519/ 月、＋ 421/ 月、＋ 323/ 月、＋ 114/ 月
特定事業所医療介護連携加算	＋ 125/ 月
入院時情報連携加算（Ⅰ)、(Ⅱ)	＋ 250/ 月、＋ 200/ 月
退院・退所加算（Ⅰ）イ、(Ⅰ）ロ、(Ⅱ）イ、(Ⅱ）ロ、(Ⅲ)	+450、+600、+600、+750、+900、
通院時情報連携加算	+50/ 月
緊急時等居宅カンファレンス加算	＋ 200/ 回（1 人につき月 2 回を限度)
ターミナルケアマネジメント加算	＋ 400（死亡日及び死亡日前 14 日以内に 2 日以上在宅の訪問等を行った場合)

03 居宅介護支援における特定事業所加算の見直し

概要

居宅介護支援における特定事業所加算の算定要件について以下の見直しを行う。

- 「ヤングケアラー、障害者、生活困窮者、難病患者等、他制度に関する知識等に関する事例検討会、研修等に参加していること」を要件とするとともに、評価の充実を行う。
- （主任）介護支援専門員の専任要件について、居宅介護支援事業者が介護予防支援の提供や地域包括支援センターの委託を受けて総合相談支援事業を行う場合は、これらの事業との兼務が可能である旨を明確化する。
- 運営基準減算に係る要件を削除する。
- 介護支援専門員が取り扱う１人当たりの利用者数について、居宅介護支援費の見直しを踏まえた対応を行う。

単位数

変更前		変更後
特定事業所加算（Ⅰ） 505単位／月	➡	特定事業所加算（Ⅰ） **519**単位／月
特定事業所加算（Ⅱ） 407単位／月	➡	特定事業所加算（Ⅱ） **421**単位／月
特定事業所加算（Ⅲ） 309単位／月	➡	特定事業所加算（Ⅲ） **323**単位／月
特定事業所加算（A） 100単位／月	➡	特定事業所加算（A） **114**単位／月

算定要件等

※取消し線は改定前要件

算定要件	(Ⅰ) 519単位	(Ⅱ) 421単位	(Ⅲ) 323単位	(A) 114単位
(1) 専ら指定居宅介護支援の提供に当たる常勤の主任介護支援専門員を配置していること。 **※利用者に対する指定居宅介護支援の提供に支障がない場合は、当該指定居宅介護支援事業所の他の職務と兼務をし、又は同一敷地内にある他の事業所の職務と兼務をしても差し支えない。**	2名以上	1名以上	1名以上	1名以上
(2) 専ら指定居宅介護支援の提供に当たる常勤の介護支援専門員を配置していること。 **※利用者に対する指定居宅介護支援の提供に支障がない場合は、当該指定居宅介護支援事業所の他の職務と兼務をし、又は同一敷地内にある指定介護予防支援事業所の職務と兼務をしても差し支えない。**	3名以上	3名以上	2名以上	常勤・非常勤各1名以上
(3) 利用者に関する情報又はサービス提供に当たっての留意事項に係る伝達等を目的とした会議を定期的に開催すること	○			
(4) 24時間連絡体制を確保し、かつ、必要に応じて利用者等の相談に対応する体制を確保していること	○			○連携でも可
(5) 算定日が属する月の利用者の総数のうち、要介護状態区分が要介護3、要介護4又は要介護5である者の占める割合が100分の40以上であること	○	×		
(6) 当該指定居宅介護支援事業所における介護支援専門員に対し、計画的に研修を実施していること	○			○連携でも可
(7) 地域包括支援センターから支援が困難な事例を紹介された場合においても、当該支援が困難な事例に係る者に指定居宅介護支援を提供していること	○			
(8) **家族に対する介護等を日常的に行っている児童や、障害者、生活困窮者、難病患者等、高齢者以外の対象者への支援に関する知識等に関する**事例検討会、**研修等**に参加していること	○			
(9) 居宅介護支援費に係る**運営基準減算又は**特定事業所集中減算の適用を受けていないこと	○			
(10) 指定居宅介護支援事業所において指定居宅介護支援の提供を受ける利用者数が当該指定居宅介護支援事業所の介護支援専門員1人当たり**45名**未満（居宅介護支援費（Ⅱ）を算定している場合は**50名**未満）であること	○			
(11) 介護支援専門員実務研修における科目「ケアマネジメントの基礎技術に関する実習」等に協力又は協力体制を確保していること（平成28年度の介護支援専門員実務研修受講試験の合格発表の日から適用）	○			○連携でも可
(12) 他の法人が運営する指定居宅介護支援事業者と共同で事例検討会、研修会等を実施していること	○			○連携でも可
(13) 必要に応じて、多様な主体等が提供する生活支援のサービス（インフォーマルサービスを含む）が包括的に提供されるような居宅サービス計画を作成していること	○			

04 居宅介護支援事業者が市町村から指定を受けて介護予防支援を行う場合の取扱い

【介護予防支援】

概要

○令和６年４月から居宅介護支援事業者も市町村からの指定を受けて介護予防支援を実施できるようになることから、以下の見直しを行う。

ア　市町村長に対し、介護予防サービス計画の実施状況等に関して情報提供することを運営基準上義務付けることに伴う手間やコストについて評価する新たな区分を設ける。

イ　以下のとおり運営基準の見直しを行う。

ⅰ 居宅介護支援事業所が現在の体制を維持したまま円滑に指定を受けられるよう、居宅介護支援事業者が指定を受ける場合の人員の配置については、介護支援専門員のみの配置で事業を実施することを可能とする。

ⅱ また、管理者を主任介護支援専門員とするとともに、管理者が他の事業所の職務に従事する場合（指定居宅介護支援事業者である指定介護予防支援事業者の場合であって、その管理する指定介護予防支援事業所の管理に支障がないときに限る。）には兼務を可能とする。

ウ　居宅介護支援と同様に、特別地域加算、中山間地域等における小規模事業所加算及び中山間地域等に居住する者へのサービス提供加算の対象とする。

単位数・算定要件等

介護予防支援費　438単位　➡　介護予防支援費（Ⅰ）　**442**単位
※地域包括支援センターのみ

介護予防支援費（Ⅱ）　**472**単位
※指定居宅介護支援事業者のみ

特別地域介護予防支援加算　所定単位数の15％を加算
※別に厚生労働大臣が定める地域に所在

中山間地域等における小規模事業所加算　所定単位数の10％を加算
※別に厚生労働大臣が定める地域に所在し、かつ別に厚生労働大臣が定める施設基準に適合

中山間地域等に居住する者へのサービス提供加算　所定単位数の５％を加算
※別に厚生労働大臣が定める地域に居住している利用者に対して、通常の事業の実施地域を越えて、指定介護予防支援を行った場合

（上記3加算：介護予防支援費（Ⅱ）のみ）

改定後

指定

情報提供

指定

指定介護予防支援事業者
（地域包括支援センター）

【報　酬】

- 介護予防支援費（Ⅰ）
- 初回加算
- 委託連携加算

【人員基準】

- 必要な数の担当職員
  - ・保健師
  - ・介護支援専門員
  - ・社会福祉士 等
- 管理者

委託も可

指定居宅介護支援事業者

指定介護予防支援事業者
（指定居宅介護支援事業者）

【報　酬】

- 介護予防支援費（Ⅱ）
- 初回加算
- 特別地域介護予防支援加算
- 中山間地域等における小規模事業所加算
- 中山間地域等に居住する者へのサービス提供加算

【人員基準】

- 必要な数の介護支援専門員
- 管理者は主任介護支援専門員（居宅介護支援と兼務可）

ポイント

ケアマネ事業者にとっては若干の単位数増も、要介護に比べると魅力薄く、指定申請は限定的でしょう。

05 他のサービス事業所との連携によるモニタリング

【居宅介護支援、介護予防支援】

概要

○以下の要件を設けた上で、テレビ電話装置その他の情報通信機器を活用したモニタリングを可能とする見直しを行う。

ア　利用者の同意を得ること。

イ　サービス担当者会議等において、次に掲げる事項について主治医、担当者その他の関係者の合意を得ていること。

ⅰ 利用者の状態が安定していること。

ⅱ 利用者がテレビ電話装置等を介して意思疎通ができること（家族のサポートがある場合も含む）。

ⅲ テレビ電話装置等を活用したモニタリングでは収集できない情報について、他のサービス事業者との連携により情報を収集すること。

ウ　少なくとも２月に１回（介護予防支援の場合は６月に１回）は利用者の居宅を訪問すること。

- 利用者の状態が安定している
- 利用者がテレビ電話装置等を介して意思疎通ができる
- 他のサービス事業者との連携により情報を収集する

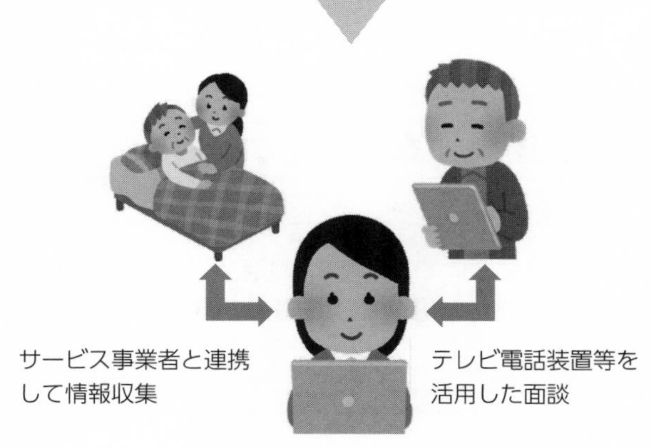

オンラインでのモニタリングが可能

「予防」ならスマホ利用者も一定数いることから活用の余地ありか。

06 入院時情報連携加算の見直し

【居宅介護支援】

概要

○現行、入院後３日以内又は入院後７日以内に病院等の職員に対して利用者の情報を提供した場合に評価しているところ、入院当日中又は入院後３日以内に情報提供した場合に評価するよう見直しを行う。その際、事業所の休業日等に配慮した要件設定を行う。

単位数・算定要件等

入院時情報連携加算（Ⅰ）250単位／月

利用者が病院又は診療所に入院した日のうちに、当該病院又は診療所の職員に対して当該利用者に係る必要な情報を提供していること。

※ 入院日以前の情報提供を含む。

※ 営業時間終了後又は営業日以外の日に入院した場合は、入院日の翌日を含む。

入院時情報連携加算（Ⅱ）200単位／月

利用者が病院又は診療所に入院した日の翌日又は翌々日に、当該病院又は診療所の職員に対して当該利用者に係る必要な情報を提供していること。

※ 営業時間終了後に入院した場合であって、入院日から起算して３日目が営業日でない場合は、その翌日を含む。

07 通院時情報連携加算の見直し

【居宅介護支援】

概要

○通院時情報連携加算について、利用者が歯科医師の診察を受ける際に介護支援専門員が同席した場合も同加算の対象とする見直しを行う。（単位数変更なし）

算定要件等

○利用者が病院又は診療所において医師又は歯科医師の診察を受けるときに介護支援専門員が同席し、医師又は歯科医師等に対して当該利用者の心身の状況や生活環境等の当該利用者に係る必要な情報の提供を行うとともに、医師又は歯科医師等から当該利用者に関する必要な情報の提供を受けた上で、居宅サービス計画に記録した場合は、利用者１人につき１月に１回を限度として所定単位数を加算する。

08 ターミナルケアマネジメント加算等の見直し

【居宅介護支援】

概要

○ターミナルケアマネジメント加算について、人生の最終段階における利用者の意向を適切に把握することを要件とした上で、当該加算の対象となる疾患を末期の悪性腫瘍に限定しないこととし、医師が一般に認められている医学的知見に基づき、回復の見込みがないと診断した者を対象とする見直しを行う。併せて、特定事業所医療介護連携加算におけるターミナルケアマネジメント加算の算定回数の要件についても見直しを行う。

算定要件等

※取消し線は改定前要件

○ターミナルケアマネジメント加算

在宅で死亡した利用者に対して、~~（末期の悪性腫瘍の患者に限る。）~~ 終末期の医療やケアの方針に関する当該利用者又はその家族の意向を把握した上で、その死亡日及び死亡日前14日以内に2日以上、当該利用者又はその家族の同意を得て、当該利用者の居宅を訪問し、当該利用者の心身の状況等を記録し、主治の医師及び居宅サービス計画に位置付けた居宅サービス事業者に提供した場合。

○特定事業所医療介護連携加算

前々年度の3月から前年度の2月までの間においてターミナルケアマネジメント加算を15回以上算定していること。

09 業務継続計画未策定事業所に対する減算の導入

複数サービス共通 の①を参照

10 高齢者虐待防止の推進

複数サービス共通 の②を参照

11 身体的拘束等の適正化の推進

複数サービス共通 の③を参照

12 ケアプラン作成に係る「主治の医師等」の明確化

【居宅介護支援、介護予防支援、（訪問リハビリテーション★、通所リハビリテーション★）】

概要

○居宅サービス計画に通所リハビリテーション・訪問リハビリテーションを位置付ける際に意見を求めることとされている「主治の医師等」に、入院中の医療機関の医師を含むことを明確化する。

算定要件等

○居宅介護支援等の具体的取扱方針に以下の規定を追加する

（居宅介護支援の例）

〈指定居宅介護支援の具体的取扱方針〉

訪問リハビリテーション、通所リハビリテーション等については、主治の医師等がその必要性を認めたものに限られるものであることから、介護支援専門員は、これらの医療サービスを居宅サービス計画に位置付ける場合にあっては主治の医師等の指示があることを確認しなければならない。

このため、利用者がこれらの医療サービスを希望している場合その他必要な場合には、介護支援専門員は、あらかじめ、利用者の同意を得て主治の医師等の意見を求めるとともに、主治の医師等とのより円滑な連携に資するよう、当該意見を踏まえて作成した居宅サービス計画については、意見を求めた主治の医師等に交付しなければならない。なお、交付の方法については、対面のほか、郵送やメール等によることも差し支えない。

また、ここで意見を求める「主治の医師等」については、要介護認定の申請のために主治医意見書を記載した医師に限定されないことに留意すること。<u>特に、訪問リハビリテーション及び通所リハビリテーションについては、医療機関からの退院患者において、退院後のリハビリテーションの早期開始を推進する観点から、入院中の医療機関の医師による意見を踏まえて、速やかに医療サービスを含む居宅サービス計画を作成することが望ましい。</u>（後略）

※ 下線部が追記部分

13 テレワークの取扱い

複数サービス共通 の⑤を参照

14 人員配置基準における両立支援への配慮

全サービス共通 の①を参照

15 管理者の責務及び兼務範囲の明確化

全サービス共通 の②を参照

16 いわゆるローカルルールについて

全サービス共通 の③を参照

17 公正中立性の確保のための取組の見直し

概要

○事業者の負担軽減を図るため、次に掲げる事項に関して利用者に説明し、理解を得ることを居宅介護支援事業者の努力義務とする。

ア 前６か月間に作成したケアプランにおける、訪問介護、通所介護、地域密着型通所介護及び福祉用具貸与の各サービスの割合

イ 前６か月間に作成したケアプランにおける、訪問介護、通所介護、地域密着型通所介護及び福祉用具貸与の各サービスにおける、同一事業者によって提供されたものの割合

18 介護支援専門員1人当たりの取扱件数（報酬）

【居宅介護支援】

概要

○以下の見直しを行う。

ア　居宅介護支援費（Ⅰ）（ⅰ）の取扱件数について、現行の「40 未満」を「45 未満」に改めるとともに、居宅介護支援費（Ⅰ）（ⅱ）の取扱件数について、現行の「40 以上 60 未満」を「45 以上 60 未満」に改める。

イ　居宅介護支援費（Ⅱ）の要件について、ケアプランデータ連携システムを活用し、かつ、事務職員を配置している場合に改めるとともに、居宅介護支援費（Ⅱ）（ⅰ）の取扱件数について、現行の「45 未満」を「50 未満」に改め、居宅介護支援費（Ⅱ）（ⅱ）の取扱件数について、現行の「45 以上 60 未満」から「50 以上 60 未満」に改める。

ウ　居宅介護支援費の算定に当たっての取扱件数の算出に当たり、指定介護予防支援の提供を受ける利用者数については、3分の1を乗じて件数に加えることとする。

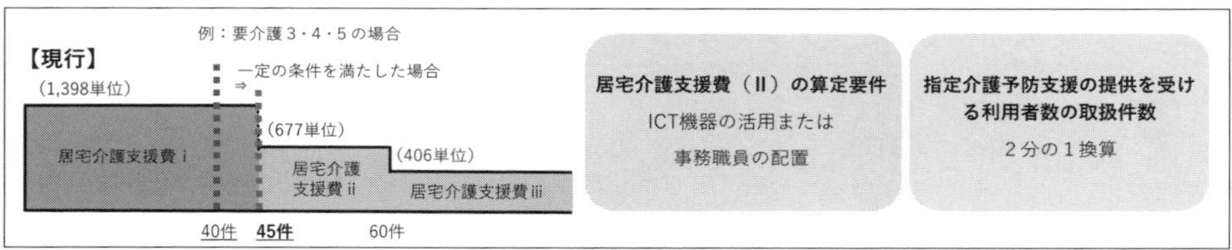

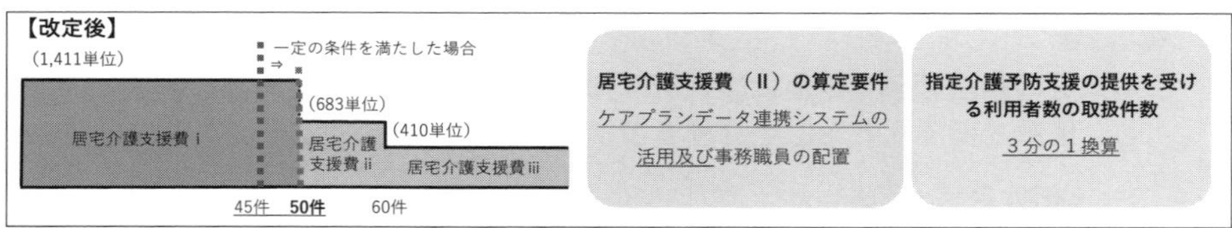

19 介護支援専門員1人当たりの取扱い件数（基準）

基準

◉介護支援専門員の員数

利用者の数が35又はその端数を増すごとに1とする。		•利用者の数（指定介護予防支援を行う場合にあっては、当該事業所における指定居宅介護支援の利用者の数に当該事業所における指定介護予防支援の利用者の数に3分の1を乗じた数を加えた数。）が44又はその端数を増すごとに1とする。 •指定居宅介護支援事業所が、ケアプランデータ連携システムを利用し、かつ、事務職員を配置している場合は、利用者の数が49又はその端数を増すごとに1とする。

20 同一建物に居住する利用者へのケアマネジメント

単位数

	**同一建物に居住する利用者へのケアマネジメント**	所定単位数の95％を算定

算定要件等

◉対象となる利用者

- 指定居宅介護支援事業所の所在する建物と同一の敷地内、隣接する敷地内の建物又は指定居宅介護支援事業所と同一の建物に居住する利用者。
- 指定居宅介護支援事業所における1月当たりの利用者が同一の建物に20人以上居住する建物（上記を除く。）に居住する利用者。

21 「書面掲示」規制の見直し

全サービス共通 の④を参照

22 特別地域加算、中山間地域等の小規模事業所加算及び中山間地域に居住する者へのサービス提供加算の対象地域の明確化

複数サービス共通 の⑦を参照

23 特別地域加算の対象地域の見直し

複数サービス共通 の⑧を参照

訪問介護

マイナス改定も、処遇改善率、中山間地等でメリハリ。

01 基本報酬

単位数

以下の単位数はすべて1回あたり

○身体介護

20分未満	167単位	➡	**163**単位
20分以上30分未満	250単位	➡	**244**単位
30分以上1時間未満	396単位	➡	**387**単位
1時間以上1時間30分未満	579単位	➡	**567**単位
以降30分を増すごとに算定	84単位	➡	**82**単位

○生活援助

20分以上45分未満	183単位	➡	**179**単位
45分以上	225単位	➡	**220**単位
身体介護に引き続き生活援助を行った場合	67単位	➡	**65**単位

○通院等乗降介助

	99単位	➡	**97**単位

※訪問介護については、処遇改善加算について、今回の改定で高い加算率としており、賃金体系等の整備、一定の月額賃金配分等により、まずは14.5%から、経験技能のある職員等の配置による最大24.5%まで、取得できるように設定している。

02 主な加算

特定事業所加算（Ⅰ）、（Ⅱ）、（Ⅲ）、（Ⅳ）	＋ 20/100、＋ 10/100、＋ 10/100、＋ 3/100
緊急時訪問介護加算	＋ 100/ 回
初回加算	＋ 200/ 月
生活機能向上連携加算（Ⅰ）、（Ⅱ）	＋ 100/ 月、＋ 200/ 月
口腔連携強化加算	1 回につき　＋ 50 単位（1 月に 1 回を限度）
認知症専門ケア加算（Ⅰ）、（Ⅱ）	＋ 3/ 日、＋ 4/ 日

03 訪問介護における特定事業所加算の見直し

概要

○以下の見直しを行う。

ア　重度者対応要件として、「看取り期にある者」に関する要件を新たに追加する。

イ　中山間地域等において、利用者へ継続的なサービスを行っていることについて新たに評価を行う。

ウ　重度要介護者等への対応における現行要件について、実態を踏まえ一部の現行区分について見直し等を行う。

単位数

○特定事業所加算（Ⅰ）

所定単位数の 20％を加算

○特定事業所加算（Ⅱ）

所定単位数の 10％を加算

○特定事業所加算（Ⅲ）

所定単位数の 10％を加算

○特定事業所加算（Ⅳ）

所定単位数の 3％を加算

○特定事業所加算（Ⅴ）

所定単位数の 3％を加算

算定要件等

	算定要件	(Ⅰ) 20%	(Ⅱ) 10%	(Ⅲ) 10%	(Ⅳ) 3%	(Ⅴ) 3%
体制要件	(1) 訪問介護員等・**サービス提供責任者ごと**に作成された研修計画に基づく研修の実施 (2) 利用者に関する情報又はサービス提供に当たっての留意事項の伝達等を目的とした会議の定期的な開催 (3) 利用者情報の文書等による伝達、訪問介護員等からの報告 (4) 健康診断等の定期的な実施 (5) 緊急時等における対応方法の明示	○	○	○	○	○
体制要件	**(6) 病院、診療所又は訪問看護ステーションの看護師との連携により、24時間連絡できる体制を確保しており、かつ、必要に応じて 訪問介護を行うことができる体制の整備、看取り期における対応方針の策定、看取りに関する職員研修の実施等**	○注2		○注2		
体制要件	**(7) 通常の事業の実施地域内であって中山間地域等（※1）に居住する者に対して、継続的にサービスを提供していること**					○
体制要件	**(8) 利用者の心身の状況またはその家族等を取り巻く環境の変化に応じて、訪問介護事業所のサービス提供責任者等が起点となり随時介護支援専門員、医療関係職種等と共同し、訪問介護計画の見直しを行っていること**					○
人材要件	(9) 訪問介護員等のうち介護福祉士の占める割合が30%以上、又は介護福祉士、実務者研修修了者、並びに介護職員基礎研修課程修了者及び1級課程修了者の占める割合が50%以上	○	○ 又は			
人材要件	(10) 全てのサービス提供責任者が3年以上の実務経験を有する介護福祉士、又は5年以上の実務経験を有する実務者研修修了者・介護職員基礎研修課程修了者・1級課程修了者	○	○			
人材要件	(11) サービス提供責任者を常勤により配置し、かつ、基準を上回る数の常勤のサービス提供責任者を1人以上配置していること			○ 又は	○ 又は	
人材要件	(12) 訪問介護員等の総数のうち、勤続年数7年以上の者の占める割合が100分の30以上であること			○	○	
重度者等対応要件	(13) 利用者のうち、要介護4、5である者、日常生活自立度（Ⅲ、Ⅳ、M）である者、たんの吸引等を必要とする者の占める割合が20%以上	○ 又は		○ 又は		
重度者等対応要件	**(14) 看取り期の利用者（※2）への対応実績が1人以上であること（併せて体制要件(6)の要件を満たすこと）**	○注2		○注2		

※1：中山間地域等に居住する者へのサービス提供加算と同様の対象地域。
※2：医師が一般に認められている医学的知見に基づき回復の見込みがないと診断した者であること。

[各区分ごとの算定イメージ]

(Ⅰ)
+20%
重度者等対応要件
(13)
or
(14)
人材要件
(9)
+
(10)

(Ⅱ)
+10%
人材要件
(9)
or
(10)

(Ⅲ)
+10%
重度者等対応要件
(13)
or
(14)
人材要件
(11)
or (12)

(Ⅳ)
+3%
人材要件
(11)
or (12)

<体制要件>
(1) + (2) + (3) + (4) + (5) + (6)

&

(Ⅴ) +3%
<体制要件>
(1) + (2) + (3) + (4) + (5) + (7) + (8)

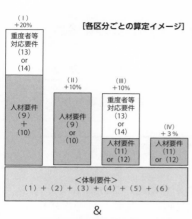

注1：別区分同士の併算定は不可。ただし、(Ⅴ) とそれぞれの加算は併算定可。
注2：加算(Ⅰ)・(Ⅲ)については、重度者等対応要件を選択式とし、(13) または (14) を満たす場合に算定できることとする。また、(14) を選択する場合には (6) を併せて満たす必要がある。
注3：(Ⅴ) は特別地域加算、中山間地域等における小規模事業所加算、中山間地域等に居住する者へのサービス提供加算とは併算定不可。

04 業務継続計画未策定事業所に対する減算の導入

複 » 複数サービス共通 の①を参照

05 高齢者虐待防止の推進

複 » 複数サービス共通 の②を参照

06 身体的拘束等の適正化の推進

複 » 複数サービス共通 の③を参照

07 訪問系サービスにおける認知症専門ケア加算の見直し

【訪問介護、訪問入浴介護★、定期巡回・随時対応型訪問介護看護、夜間対応型訪問介護】

概要

○利用者の受け入れに関する要件は以下のとおり（単位数変更なし）。

算定要件等

〈認知症専門ケア加算（Ⅰ）〉

ア　認知症高齢者の日常生活自立度Ⅱ以上の者が利用者の２分の１以上

イ　認知症介護実践リーダー研修等修了者を認知症高齢者の日常生活自立度Ⅱ以上の者が20人未満の場合は１以上、20人以上の場合は１に、当該対象者の数が19を超えて10又は端数を増すごとに１を加えて得た数以上配置

ウ　認知症高齢者の日常生活自立度Ⅱ以上の者に対して、専門的な認知症ケアを実施した場合

エ　当該事業所の従業者に対して、認知症ケアに関する留意事項の伝達又は技術的指導に係る会議を定期的に開催

〈認知症専門ケア加算（Ⅱ）〉

ア　認知症専門ケア加算（Ⅰ）のイ・エの要件を満たすこと

イ　認知症高齢者の日常生活自立度Ⅲ以上の者が利用者の100分の20以上

ウ　認知症高齢者の日常生活自立度Ⅲ以上の者に対して、専門的な認知症ケアを実施した場合

エ　認知症介護指導者研修修了者を１名以上配置し、事業所全体の認知症ケアの指導等を実施

オ　介護職員、看護職員ごとの認知症ケアに関する研修計画を作成し、研修を実施又は実施を予定

算定低調を受け、要件はやや緩和されましたが、日常生活自立度の確認の手間などを踏まえると、触手は伸びないと思われます。

08 訪問系サービス及び短期入所系サービスにおける口腔管理に係る連携の強化

【訪問介護、訪問看護★、訪問リハビリテーション★、短期入所生活介護★、短期入所療養介護★、定期巡回・随時対応型訪問介護看護】

概要

○事業所と歯科専門職の連携の下、介護職員等による口腔衛生状態および口腔機能の評価の実施ならびに歯科医療機関および介護支援専門員への情報提供を評価する新たな加算を設ける。

単位数

口腔連携強化加算　50 単位 / 回

※ 1 月に 1 回に限り算定可能

算定要件等

○事業所の従業者が、口腔の健康状態の評価を実施した場合において、利用者の同意を得て、歯科医療機関及び介護支援専門員に対し、当該評価の結果を情報提供した場合に、1月に1回に限り所定単位数を加算する。

○事業所は利用者の口腔の健康状態に係る評価を行うに当たって、診療報酬の歯科点数表区分番号 C000 に掲げる歯科訪問診療料の算定の実績がある歯科医療機関の歯科医師又は歯科医師の指示を受けた歯科衛生士が、当該従業者からの相談等に対応する体制を確保し、その旨を文書等で取り決めていること。

ポイント

同意の取得や他機関への連絡の手間暇を考えると、一般の住宅というよりは有料老人ホームなど集合住宅向けサービスに有利。

09 介護職員の処遇改善

複 複数サービス共通 の④を参照

10 テレワークの取扱い

複 複数サービス共通 の⑤を参照

11 人員配置基準における両立支援への配慮

全 全サービス共通 の①を参照

12 管理者の責務及び兼務範囲の明確化

全 全サービス共通 の②を参照

13 いわゆるローカルルールについて

全 全サービス共通 の③を参照

14 訪問介護における同一建物等居住者にサービス提供する場合の報酬の見直し

概要

○ 同一建物減算について、新たな区分を設け、更に見直しを行う。

単位数・算定要件等

	算定要件	減算の内容
	①事業所と同一敷地内又は隣接する敷地内に所在する建物に居住する者（②**及び④**に該当する場合を除く）	10％減算
	②上記の建物のうち、当該建物に居住する利用者の人数が 1 月あたり 50 人以上の場合	15％減算
	③上記①以外の範囲に所在する建物に居住する者（当該建物に居住する利用者の人数が 1 月あたり 20 人以上の場合）	10％減算
	④**正当な理由なく、事業所において、前 6 月間に提供した訪問介護サービスの提供総数のうち、事業所と同一敷地内又は隣接する敷地内に所在する建物に居住する者（②に該当する場合を除く）に提供されたものの占める割合が 100 分の 90 以上である場合**	12% 減算

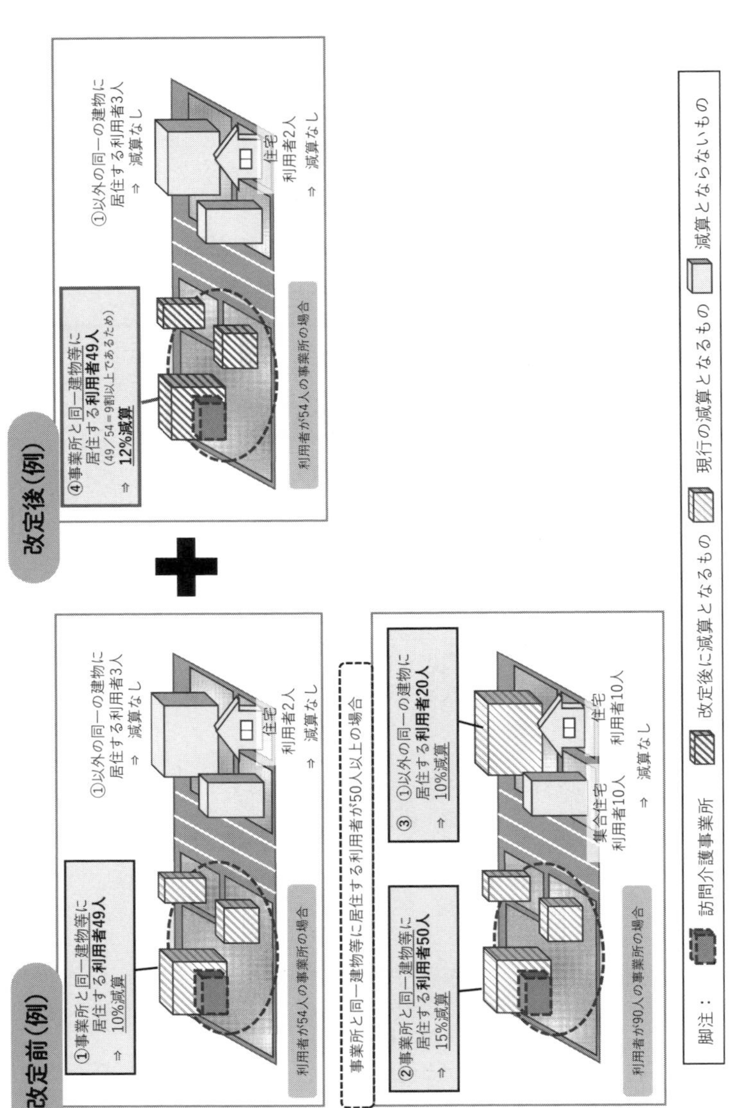

ポイント

①は立地条件、②③は立地＋人数、④（新設）はサービス総数における対象者（同一建物等）の割合。

15 「書面掲示」規制の見直し

全サービス共通 の④を参照

16 特別地域加算、中山間地域等の小規模事業所加算及び中山間地域に居住する者へのサービス提供加算の対象地域の明確化

複数サービス共通 の⑦を参照

17 特別地域加算の対象地域の見直し

複数サービス共通 の⑧を参照

通所介護・地域密着型通所介護

微増。複数運営なら個別機能訓練加算の人員緩和は影響大

01 基本報酬

単位数

以下の単位数はすべて１回あたり（7 時間以上 8 時間未満の場合）

○通常規模型

要介護 1	655 単位	➡	**658** 単位
要介護 2	773 単位	➡	**777** 単位
要介護 3	896 単位	➡	**900** 単位
要介護 4	1,018 単位	➡	**1,023** 単位
要介護 5	1,142 単位	➡	**1,148** 単位

○大規模型Ⅰ

要介護 1	623 単位	➡	**629** 単位
要介護 2	740 単位	➡	**744** 単位
要介護 3	857 単位	➡	**861** 単位
要介護 4	975 単位	➡	**980** 単位
要介護 5	1,092 単位	➡	**1,097** 単位

○大規模型Ⅱ

要介護 1	604 単位	➡	**607** 単位
要介護 2	713 単位	➡	**716** 単位
要介護 3	826 単位	➡	**830** 単位
要介護 4	941 単位	➡	**946** 単位
要介護 5	1,054 単位	➡	**1,059** 単位

○地域密着型通所介護

要介護 1	750 単位	➡	**753** 単位
要介護 2	887 単位	➡	**890** 単位
要介護 3	1,028 単位	➡	**1,032** 単位
要介護 4	1,168 単位	➡	**1,172** 単位
要介護 5	1,308 単位	➡	**1,312** 単位

02 主な加算

入浴介助加算（Ⅰ）、（Ⅱ）	＋ 40 単位 / 日、＋ 55 単位 / 日
中重度者ケア体制加算	＋ 45 単位 / 日
生活機能向上連携加算（Ⅰ）、（Ⅱ）	＋ 100 単位 / 月（3 月に 1 回を限度）、＋ 200 単位 / 月（個別機能訓練加算を算定している場合は、1 月につき＋ 100 単位）
個別機能訓練加算（Ⅰ）イ、（Ⅰ）ロ、（Ⅱ）	＋ 56 単位 / 日、＋ 76 単位 / 日、＋ 20 単位 / 月
ADL 維持等加算（Ⅰ）、（Ⅱ）	＋ 30 単位 / 月、＋ 60 単位 / 月
認知症加算	＋ 60 単位 / 日
若年性認知症利用者受入加算	＋ 60 単位 / 日
栄養アセスメント加算	＋ 50 単位 / 月
栄養改善加算	＋ 200 単位 / 回（月 2 回を限度）
口腔・栄養スクリーニング加算（Ⅰ）、（Ⅱ）	＋ 20 単位 / 回（6 月に 1 回を限度）、＋ 5 単位 / 回（6 月に 1 回を限度）
口腔機能向上加算（Ⅰ）、（Ⅱ）	＋ 150 単位 / 回（月 2 回を限度）、＋ 160 単位 / 回（月 2 回を限度）
科学的介護推進体制加算	＋ 40 単位 / 月
同一建物減算	－ 94 単位 / 日
送迎を行わない場合	－ 47 単位 / 片道
サービス提供体制強化加算（Ⅰ）、（Ⅱ）、（Ⅲ）	＋ 22 単位 / 回、＋ 18 単位 / 回、＋ 6 単位 / 回

03 豪雪地帯等において急な気象状況の悪化等があった場合の通所介護費等の所要時間の取扱いの明確化

【通所介護、地域密着型通所介護、認知症対応型通所介護★、通所リハビリテーション】

概要

○通所介護費等の所要時間について、積雪等をはじめとする急な気象状況の悪化等によるやむを得ない事情についても考慮する。

算定要件等

○現行の所要時間による区分の取扱いおいては、現に要した時間ではなく、計画に位置づけられた内容の通所介護等を行うための標準的な時間によることとされているところ、実際の通所介護等の提供が計画上の所要時間よりも、やむを得ず短くなった場合には計画上の単位数を算定して差し支えないものとしている。

上記「やむを得ず短くなった場合」には、当日の利用者の心身の状況に加えて、**降雪等の急な気象状況の悪化等により、利用者宅と事業所間の送迎に平時よりも時間を要した場合**も該当する。

なお、計画上の所要時間よりも大きく短縮した場合には、計画を変更の上、変更後の所要時間に応じた単位数を算定すること。

04 業務継続計画未策定事業所に対する減算の導入

複 ≫ 複数サービス共通 の①を参照

05 高齢者虐待防止の推進

複 ≫ 複数サービス共通 の②を参照

06 身体的拘束等の適正化の推進

複 ≫ 複数サービス共通 の③を参照

07 通所介護・地域密着型通所介護における認知症加算の見直し

【通所介護、地域密着型通所介護】

概要

○認知症加算について、従業者に対する認知症ケアに関する個別事例の検討や技術的指導に係る会議等を定期的に開催することを求める。また、利用者に占める認知症の方の割合に係る要件を緩和する（単位数変更なし）。

算定要件等

○指定居宅サービス等基準第93条第1項第2号又は第3号・指定地域密着型サービス基準第20条第1項第2号又は第3号に規定する員数に加え、看護職員又は介護職員を常勤換算方法で2以上確保していること。

○指定通所介護事業所・指定地域密着型通所介護事業所における前年度又は算定日が属する月の前3月間の利用者の総数のうち、日常生活に支障を来すおそれのある症状又は行動が認められることから介護を必要とする認知症の者の占める割合が100分の15以上であること。

○指定通所介護・指定地域密着型通所介護を行う時間帯を通じて、専ら当該指定通所介護・指定地域密着型通所介護の提供に当たる認知症介護の指導に係る専門的な研修、認知症介護に係る専門的な研修又は認知症介護に係る実践的な研修等を修了した者を1名以上配置していること。

○当該事業所の従業者に対する認知症ケアに関する事例の検討や技術的指導に係る会議を定期的に開催していること。

ポイント

算定する場合は、事例の検討の結果、もしくは会議の記録が最低限必要。

08 リハビリテーション・個別機能訓練、口腔管理、栄養管理に係る一体的計画書の見直し

【通所介護、通所リハビリテーション★、地域密着型通所介護、認知症対応型通所介護★、介護老人福祉施設、地域密着型介護老人福祉施設入所者生活介護、介護老人保健施設、介護医療院】

算定要件等

○リハビリテーション・機能訓練、口腔、栄養に係る一体的計画書について、記載項目の整理をするとともに、他の様式におけるLIFE提出項目を踏まえた様式に見直し。

09 通所介護等における入浴介助加算の見直し

【通所介護、地域密着型通所介護、認知症対応型通所介護★、通所リハビリテーション】

概要

○以下の見直しを行う。（単位数変更なし）

ア　入浴介助加算（Ⅰ）の算定要件に、入浴介助に関する研修等を設ける。

イ　入浴介助加算（Ⅱ）の算定要件である、「医師等による、利用者宅浴室の環境評価・助言」について、医師等に代わり介護職員が訪問し、医師等の指示の下、ICT機器を活用して状況把握を行い、医師等が評価・助言する場合も算定することを可能とする。

加えて、入浴介助加算（Ⅱ）の算定要件に係る現行のQ＆Aや留意事項通知で示している内容を告示に明記し、要件を明確化する。

算定要件等

〈入浴介助加算（Ⅰ）〉

○入浴介助を適切に行うことができる人員及び設備を有して行われる入浴介助であること。

○入浴介助に関わる職員に対し、入浴介助に関する研修等を行うこと。

〈入浴介助加算（Ⅱ）〉（入浴介助加算（Ⅰ）の要件に加えて）

○医師、理学療法士、作業療法士、介護福祉士若しくは介護支援専門員又は利用者の動作及び浴室の環境の評価を行うことができる福祉用具専門相談員、機能訓練指導員、地域包括支援センターの職員その他住宅改修に関する専門的知識及び経験を有する者（以下「医師等」という。）が、利用者の居宅を訪問し、浴室における当該利用者の動作及び浴室の環境を評価していること。この際、当該居宅の浴室が、当該利用者自身又は家族等の介助

により入浴を行うことが難しい環境にある場合には、訪問した医師等が、介護支援専門員・福祉用具専門相談員と連携し、福祉用具の貸与・購入・住宅改修等の浴室の環境整備に係る助言を行うこと。ただし、医師等による利用者の居宅への訪問が困難な場合には、医師等の指示の下、介護職員が利用者の居宅を訪問し、情報通信機器等を活用して把握した浴室における当該利用者の動作及び浴室の環境を踏まえ、医師等が当該評価・助言を行っても差し支えないものとする。

○当該事業所の機能訓練指導員等が共同して、医師等と連携の下で、利用者の身体の状況、訪問により把握した居宅の浴室の環境等を踏まえた個別の入浴計画を作成すること。ただし、個別の入浴計画に相当する内容を通所介護計画に記載することをもって個別の入浴計画の作成に代えることができる。

○上記の入浴計画に基づき、個浴（個別の入浴をいう。）又は利用者の居宅の状況に近い環境（利用者の居宅の浴室の手すりの位置や使用する浴槽の深さ及び高さ等に合わせて、当該事業所の浴室に福祉用具等を設置することにより、利用者の居宅の浴室の状況を再現しているものをいう。）で、入浴介助を行うこと。

研修頻度など通知、Q&A の確認必要。通所リハの入浴介助Ⅰは研修不要。Ⅱも医師配置のある通所リハビリに有利。

10 科学的介護推進体制加算の見直し

【通所介護、地域密着型通所介護、認知症対応型通所介護★、通所リハビリテーション★、特定施設入居者生活介護★、地域密着型特定施設入居者生活介護、小規模多機能型居宅介護★、認知症対応型共同生活介護★、看護小規模多機能型居宅介護、介護老人福祉施設、地域密着型介護老人福祉施設入所者生活介護、介護老人保健施設、介護医療院】

概要

○ LIFE へのデータ提出頻度について、他の LIFE 関連加算と合わせ、少なくとも「3月に1回」に見直す。

○その他、LIFE 関連加算に共通した以下の見直しを実施。

- 入力項目の定義の明確化や、他の加算と共通する項目の選択肢を統一化する
- 同一の利用者に複数の加算を算定する場合に、一定の条件下でデータ提出のタイミングを統一できるようにする

算定要件等

○ LIFE へのデータ提出頻度について、他の LIFE 関連加算と合わせ、少なくとも「3月に1回」に見直す。

○ その他、LIFE 関連加算に共通した見直しを実施。

〈入力負担軽減に向けた LIFE 関連加算に共通する見直し〉

- 入力項目の定義の明確化や、他の加算と共通する項目の選択肢を統一化する
- 同一の利用者に複数の加算を算定する場合に、一定の条件下でデータ提出のタイミングを統一できるようにする

LIFE へのデータ提出頻度の見直し（イメージ）

例：同一の利用者に科学的介護推進体制加算及びリハビリテーションマネジメント加算を算定する場合

- 現在、科学的介護推進体制加算はサービス利用開始月とその後少なくとも6月に1度評価を行い、翌月の10日までにデータを提出することとなっており、リハビリテーションマネジメント加算はリハビリテーション計画書策定月、及び計画変更月に加え、少なくとも3月に1度評価を行いデータを提出することとなっている。いずれの加算にもADLを含め同じ評価項目が含まれている。
- これらの加算の提出タイミングを少なくとも3月に1度と統一するとともに、例えば、月末にサービスを開始した場合に、科学的介護推進体制加算のデータ提出期限に猶予期間を設けることで、評価やデータ提出のタイミングを揃えることを可能とする。

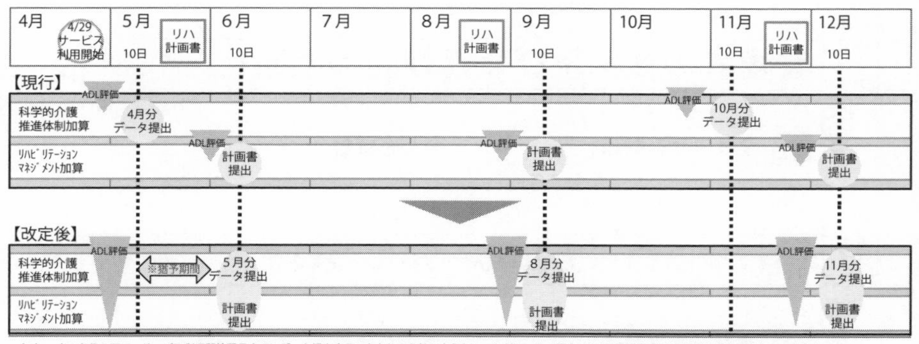

（※）一定の条件の下で、サービス利用開始翌月までにデータ提出することとしても差し支えない。ただし、その場合は利用開始月は該当の加算は算定できないこととする。

11 アウトカム評価の充実のためのADL維持等加算の見直し

介護老人福祉施設・地域密着型介護老人福祉施設入所者生活介護 24

12 介護職員の処遇改善

複

複数サービス共通 の④を参照

13 テレワークの取扱い

複

複数サービス共通 の⑤を参照

14 人員配置基準における両立支援への配慮

全サービス共通 の①を参照

15 外国人介護人材に係る人員配置基準上の取扱いの見直し

複

複数サービス共通 の⑥を参照

16 管理者の責務及び兼務範囲の明確化

全

全サービス共通 の②を参照

17 いわゆるローカルルールについて

全サービス共通 の③を参照

18 通所介護、地域密着型通所介護における個別機能訓練加算の人員配置要件の緩和及び評価の見直し

【通所介護、地域密着型通所介護】

概要

○個別機能訓練加算（Ⅰ）ロにおいて、現行、機能訓練指導員を「時間帯を通じて１名以上」配置しなければならないとしている要件を緩和するとともに、評価の見直しを行う。

単位数

個別機能訓練加算（Ⅰ）イ 56 単位／日	➡	変更なし
個別機能訓練加算（Ⅰ）ロ 85 単位／日	変更	個別機能訓練加算（Ⅰ） ロ **76** 単位／日
個別機能訓練加算（Ⅱ） 20 単位／月	➡	変更なし

算定要件等

	個別機能訓練加算（Ⅰ）ロ
ニーズ把握・情報収集	通所介護・地域密着型通所介護事業所の機能訓練指導員が、利用者の居宅を訪問し、ニーズを把握するとともに、居宅での生活状況を確認。
機能訓練指導員の配置	専従１名以上配置（**配置時間の定めなし**） ※人員欠如減算・定員超過減算に該当している場合は、個別機能訓練加算を算定しない。 ※個別機能訓練加算（Ⅰ）イの配置（専従１名以上配置（配置時間の定めなし））に加え、合計で２名以上の機能訓練指導員を配置している時間帯において算定が可能。
計画作成	居宅訪問で把握したニーズと居宅での生活状況を参考に、多職種共同でアセスメントを行い、個別機能訓練計画を作成。
機能訓練項目	利用者の心身の状況に応じて、身体機能及び生活機能の向上を目的とする機能訓練項目を柔軟に設定。 訓練項目は複数種類を準備し、その選択に当たっては利用者の生活意欲が増進されるよう利用者を援助する。
訓練の対象者	５人程度以下の小集団又は個別。
訓練の実施者	機能訓練指導員が直接実施（介護職員等が訓練の補助を行うことは妨げない）
提供責任者	３か月に１回以上実施し、利用者の居宅を訪問した上で、居宅での生活状況を確認するとともに、当該利用者又はその家族に対して個別機能訓練計画の進捗状況等を説明し、必要に応じて個別機能訓練計画の見直し等を行う。

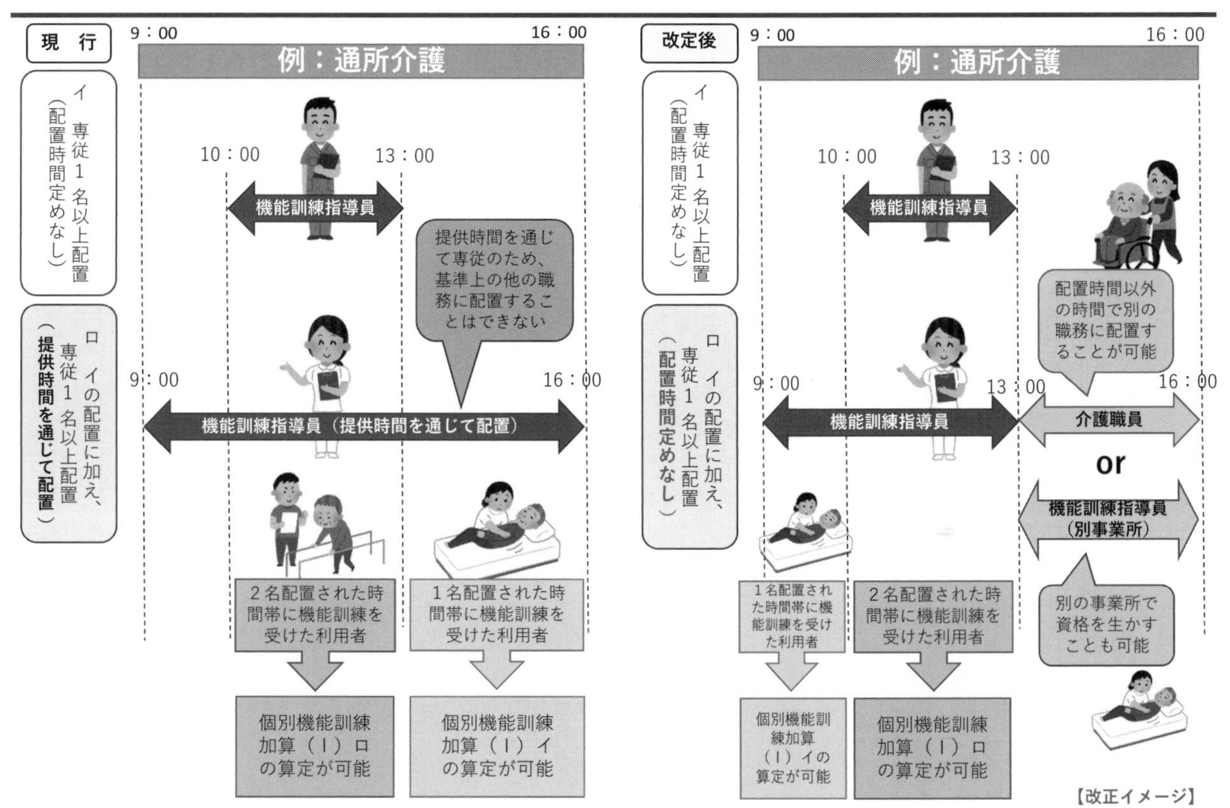

現　行
イ　専従1名以上配置（配置時間定めなし）
ロ　イの配置に加え、専従1名以上配置（提供時間を通じて配置）
例：通所介護
9：00
16：00
10：00
13：00
機能訓練指導員
提供時間を通じて専従のため、基準上の他の職務に配置することはできない
機能訓練指導員（提供時間を通じて配置）
2名配置された時間帯に機能訓練を受けた利用者
1名配置された時間帯に機能訓練を受けた利用者
個別機能訓練加算（Ⅰ）ロの算定が可能
個別機能訓練加算（Ⅰ）イの算定が可能
改定後
イ　専従1名以上配置（配置時間定めなし）
ロ　イの配置に加え、専従1名以上配置（配置時間定めなし）
例：通所介護
9：00
16：00
10：00
13：00
機能訓練指導員
配置時間以外の時間で別の職務に配置することが可能
機能訓練指導員
介護職員
or
機能訓練指導員（別事業所）
1名配置された時間帯に機能訓練を受けた利用者
2名配置された時間帯に機能訓練を受けた利用者
別の事業所で資格を生かすことも可能
個別機能訓練加算（Ⅰ）イの算定が可能
個別機能訓練加算（Ⅰ）ロの算定が可能
【改正イメージ】

19 「書面掲示」規制の見直し

全サービス共通 の④を参照

20 特別地域加算、中山間地域等の小規模事業所加算及び中山間地域に居住する者へのサービス提供加算の対象地域の明確化

複数サービス共通 の⑦を参照

21 通所系サービスにおける送迎に係る取扱いの明確化

【通所介護、地域密着型通所介護、認知症対応型通所介護★、通所リハビリテーション★、療養通所介護】

概要

○送迎先について利用者の居住実態のある場所を含めるとともに、他の介護事業所や障害福祉サービス事業所の利用者との同乗を可能とする。

算定要件等

〈送迎の範囲について〉

○利用者の送迎について、利用者の自宅と事業所間の送迎を原則とするが、運営上支障が無く、利用者の居住実態（例えば、近隣の親戚の家）がある場所に限り、当該場所への送迎を可能とする。

〈他介護事業所利用者との同乗について〉

○介護サービス事業所において、他事業所の従業員が自事業所と雇用契約を結び、自事業所の従業員として送迎を行う場合や、委託契約において送迎業務を委託している場合（共同での委託を含む）には、責任の所在等を明確にした上で、他事業所の利用者との同乗を可能とする。

〈障害福祉サービス利用者との同乗について〉

○障害福祉サービス事業所が介護サービス事業所と雇用契約や委託契約（共同での委託を含む）を結んだ場合においても、責任の所在等を明確にした上で、障害福祉サービス事業所の利用者も同乗することを可能とする。

※なお、この場合の障害福祉サービス事業所とは、同一敷地内事業所や併設・隣接事業所など、利用者の利便性を損なわない範囲内の事業所とする。

療養通所介護

請求事業所数は 83 か所であり、横ばいで推移（令和 4 年）。

01 療養通所介護　基本報酬

単位数

○療養通所介護

療養通所介護	12,691 単位	➡	12,785 単位 / 月
短期利用の場合			**1,335** 単位 / 日

02 療養通所介護における医療ニーズを有する中重度者の短期利用の促進

単位数

	**短期利用療養通所介護費（1 日につき）**	**1,335** 単位

算定要件等

○短期利用療養通所介護費を算定すべき指定療養通所介護の基準

次に掲げる基準のいずれにも適合すること。

イ　利用者の状態や利用者の家族等の事情により、指定居宅介護支援事業所の介護支援専門員が、緊急に利用することが必要と認めた場合であること。

ロ　利用の開始に当たって、あらかじめ 7 日以内（利用者の日常生活上の世話を行う家族等の疾病等やむを得ない事情がある場合は 14 日以内）の利用期間を定めること。

ハ　指定地域密着型サービス基準第 40 条に定める従業者の員数を置いていること。

ニ　当該指定療養通所介護事業所が療養通所介護費の減算※を算定していないこと。

※入浴介助を行わない場合に所定単位数の95/100で算定、過少サービスの場合に所定単位数の70/100で算定

03 療養通所介護における重度者への安定的なサービス提供体制の評価

単位数

重度者ケア体制加算　**150**単位／月

算定要件等

○療養通所介護費における重度者ケア体制加算の基準

次のいずれにも適合すること。

イ　指定地域密着型サービス基準第40条第２項に規定する看護師の員数に加え、看護職員を常勤換算方法で３以上確保していること。

ロ　指定療養通所介護従業者のうち、保健師助産師看護師法第37条の２第２項第５号に規定する指定研修機関において行われる研修等※を修了した看護師を１以上確保していること。

ハ　指定療養通所介護事業者が指定訪問看護事業者の指定を併せて受け、かつ、一体的に事業を実施していること。

※認定看護師教育課程、専門看護師教育課程、特定行為に係る看護師の研修制度により厚生労働大臣が指定する指定研修機関において行われる研修

04 業務継続計画未策定事業所に対する減算の導入

» **複数サービス共通**　**の①を参照**

05 高齢者虐待防止の推進

» **複数サービス共通**　**の②を参照**

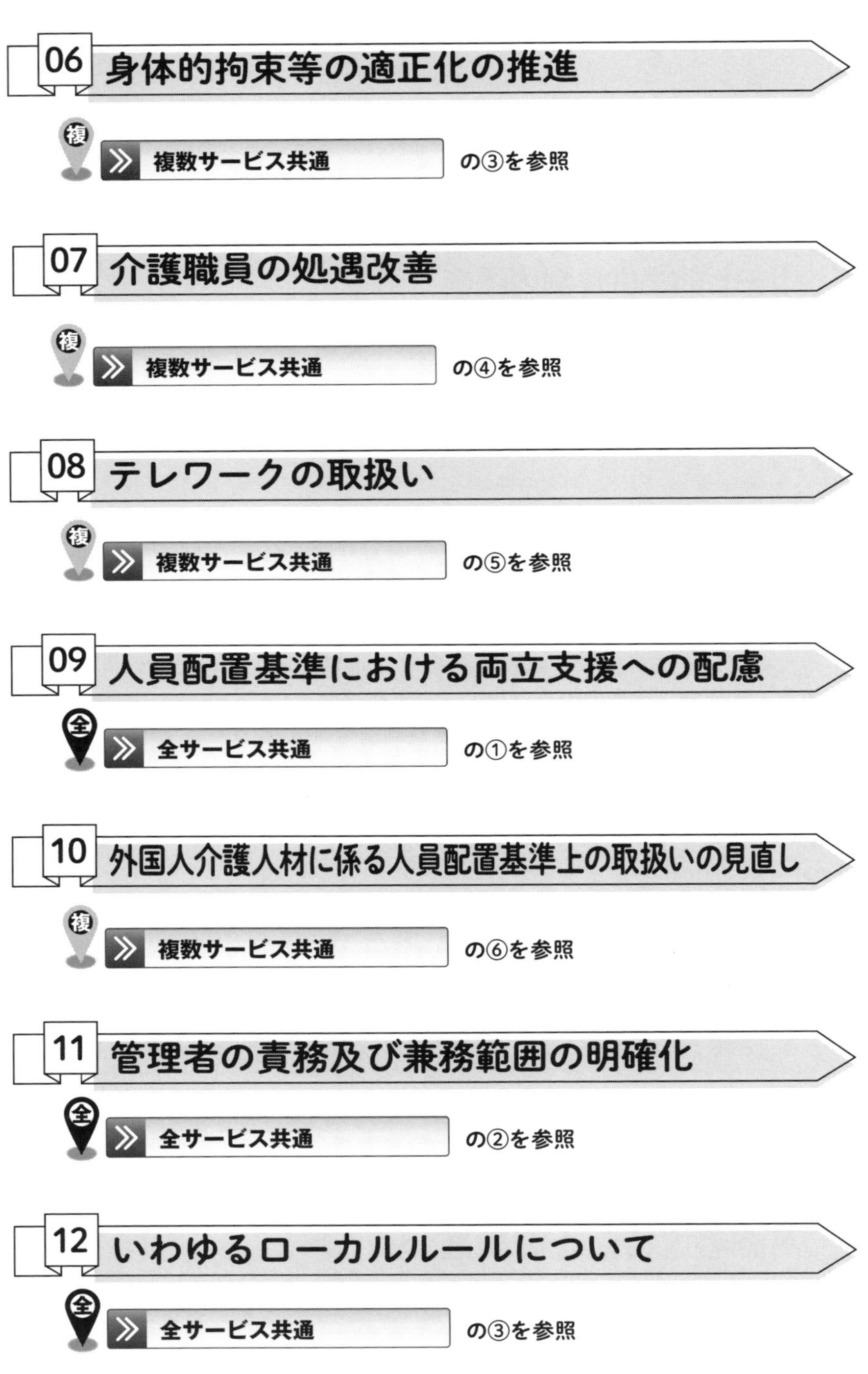

06 身体的拘束等の適正化の推進

複 複数サービス共通 の③を参照

07 介護職員の処遇改善

複 複数サービス共通 の④を参照

08 テレワークの取扱い

複 複数サービス共通 の⑤を参照

09 人員配置基準における両立支援への配慮

全 全サービス共通 の①を参照

10 外国人介護人材に係る人員配置基準上の取扱いの見直し

複 複数サービス共通 の⑥を参照

11 管理者の責務及び兼務範囲の明確化

全 全サービス共通 の②を参照

12 いわゆるローカルルールについて

全 全サービス共通 の③を参照

13 「書面掲示」規制の見直し

» 全サービス共通 の④を参照

14 特別地域加算、中山間地域等の小規模事業所加算及び中山間地域に居住する者へのサービス提供加算の対象地域の明確化

» 複数サービス共通 の⑦を参照

15 通所系サービスにおける送迎に係る取扱いの明確化

» 通所介護・地域密着型通所介護 21 を参照

認知症対応型通所介護

微増。サービス独自の変更事項なし。

01 基本報酬

単位数

以下の単位数はすべて１回あたり（７時間以上８時間未満の場合）

○単独型

要支援１	859単位	➡	**861**単位
要支援２	959単位	➡	**961**単位
要介護１	992単位	➡	**994**単位
要介護２	1,100単位	➡	**1,102**単位
要介護３	1,208単位	➡	**1,210**単位
要介護４	1,316単位	➡	**1,319**単位
要介護５	1,424単位	➡	**1,427**単位

○併設型

要支援１	771単位	➡	**773**単位
要支援２	862単位	➡	**864**単位
要介護１	892単位	➡	**894**単位
要介護２	987単位	➡	**989**単位
要介護３	1,084単位	➡	**1,086**単位
要介護４	1,181単位	➡	**1,183**単位
要介護５	1,276単位	➡	**1,278**単位

○共用型

要支援１	483単位	➡	**484**単位
要支援２	512単位	➡	**513**単位
要介護１	522単位	➡	**523**単位
要介護２	541単位	➡	**542**単位
要介護３	559単位	➡	**560**単位
要介護４	577単位	➡	**578**単位
要介護５	597単位	➡	**598**単位

02 豪雪地帯等において急な気象状況の悪化等があった場合の通所介護費等の所要時間の取扱いの明確化

≫ 通所介護・地域密着型通所介護 03 を参照

03 業務継続計画未策定事業所に対する減算の導入

複
≫ 複数サービス共通 の①を参照

04 高齢者虐待防止の推進

複
≫ 複数サービス共通 の②を参照

05 身体的拘束等の適正化の推進

複
≫ 複数サービス共通 の③を参照

06 リハビリテーション・個別機能訓練、口腔管理、栄養管理に係る一体的計画書の見直し

≫ 通所介護・地域密着型通所介護 08 を参照

07 通所介護等における入浴介助加算の見直し

≫ 通所介護・地域密着型通所介護 09 を参照

08 科学的介護推進体制加算の見直し

≫ 通所介護・地域密着型通所介護 10 を参照

09 アウトカム評価の充実のためのADL維持等加算の見直し

≫ 介護老人福祉施設・地域密着型介護老人福祉施設入所者生活介護 24

10 介護職員の処遇改善

複 ≫ 複数サービス共通 の④を参照

11 テレワークの取扱い

複 ≫ 複数サービス共通 の⑤を参照

12 人員配置基準における両立支援への配慮

全 ≫ 全サービス共通 の①を参照

13 外国人介護人材に係る人員配置基準上の取扱いの見直し

複 ≫ 複数サービス共通 の⑥を参照

14 管理者の責務及び兼務範囲の明確化

全 ≫ 全サービス共通 の②を参照

15 いわゆるローカルルールについて

» 全サービス共通 の③を参照

16 「書面掲示」規制の見直し

» 全サービス共通 の④を参照

17 特別地域加算、中山間地域等の小規模事業所加算及び中山間地域に居住する者へのサービス提供加算の対象地域の明確化

» 複数サービス共通 の⑦を参照

18 通所系サービスにおける送迎に係る取扱いの明確化

» 通所介護・地域密着型通所介護護 21 を参照

通所リハビリテーション

大規模型であっても通常規模型と同等の算定が可能に。
退院時のリハ計画受け取りは義務化。6月1日施行。

01 基本報酬

単位数

通所リハビリテーション（7時間以上8時間未満の場合）

○通常規模型

要介護1	757単位	➡	**762**単位
要介護2	897単位	➡	**903**単位
要介護3	1,039単位	➡	**1,046**単位
要介護4	1,206単位	➡	**1,215**単位
要介護5	1,369単位	➡	**1,379**単位

○大規模型

	Ⅰ/Ⅱ		
要介護1	734/708単位	➡	**714**単位
要介護2	868/841単位	➡	**847**単位
要介護3	1,006/973単位	➡	**983**単位
要介護4	1,166/1,129単位	➡	**1,140**単位
要介護5	1,325/1,282単位	➡	**1,300**単位

※旧大規模型Ⅰ及びⅡについては廃止し、大規模型に統合する。
※一定の条件を満たした大規模型事業所については、通常規模型と同様の単位数を算定できることとする。

○介護予防通所リハビリテーション

要支援1	2,053単位/月	➡	**2,268**単位/月
要支援2	3,999単位/月	➡	**4,228**単位/月

02 豪雪地帯等において急な気象状況の悪化等があった場合の通所介護費等の所要時間の取扱いの明確化

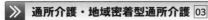

通所介護・地域密着型通所介護 03 を参照

03 通所リハビリテーションにおける機能訓練事業所の共生型サービス、基準該当サービスの提供の拡充★

概要

○通所リハビリテーション事業所において、共生型自立訓練（機能訓練）または基準該当自立訓練（機能訓練）の提供が可能となることをふまえ、自立訓練（機能訓練）を提供する際の人員および設備の共有を可能とする。

04 医療機関のリハビリテーション計画書の受け取りの義務化★

基　準

【訪問リハビリテーション★、通所リハビリテーション★】

〈運営基準〉

○サービス毎に、以下を規定（通所リハビリテーションの例）
医師等の従業者は、リハビリテーションを受けていた医療機関から退院した利用者に係る通所リハビリテーション計画の作成に当たっては、当該医療機関が作成したリハビリテーション実施計画書等により、当該利用者に係るリハビリテーションの情報を把握しなければならない。

リハビリテーション
事業所

リハビリテーション
実施計画書等の提供

【リハビリテーション実施計画書等】
入院中に実施していたリハビリテーションに関わる情報、利用者の健康状態、心身機能・構造、活動・参加、目標、実施内容、リハビリテーション実施に際しての注意点等

リハビリテーション
実施計画書等の入手
・内容の把握

05 退院後早期のリハビリテーション実施に向けた退院時情報連携の推進★

単位数

【訪問リハビリテーション★、通所リハビリテーション★】

退院時共同指導加算　　600 単位／回

算定要件等

○病院又は診療所に入院中の者が退院するに当たり、訪問（通所）リハビリテーション事業所の医師又は理学療法士、作業療法士若しくは言語聴覚士が、退院前カンファレンスに参加し、退院時共同指導※を行った後に、当該者に対する初回の訪問リハビリテーションを行った場合に、当該退院につき１回に限り、所定単位数を加算する。

※利用者又はその家族に対して、病院又は診療所の主治の医師、理学療法士、作業療法士、言語聴覚士その他の従業者と利用者の状況等に関する情報を相互に共有した上で、在宅でのリハビリテーションに必要な指導を共同して行い、その内容を在宅でのリハビリテーション計画に反映させることをいう。

06 業務継続計画未策定事業所に対する減算の導入★

複 複数サービス共通 の①を参照

07 高齢者虐待防止の推進★

複 複数サービス共通 の②を参照

08 身体的拘束等の適正化の推進★

複 複数サービス共通 の③を参照

09 訪問・通所リハビリテーションにおけるリハビリテーション、口腔、栄養の一体的取組の推進

【訪問リハビリテーション、通所リハビリテーション】

概要

○リハビリテーション・口腔・栄養を一体的に推進し、自立支援・重度化防止を効果的に進める観点から、通所リハビリテーションにおけるリハビリテーションマネジメント加算について、以下の要件を満たす場合を評価する新たな区分を設ける。

ア　口腔アセスメント及び栄養アセスメントを行っていること。
イ　リハビリテーション計画等の内容について、リハビリテーション・口腔・栄養の情報を関係職種の間で一体的に共有すること。その際、必要に応じて LIFE に提出した情報を活用していること。
ウ　共有した情報を踏まえ、リハビリテーション計画について必要な見直しを行い、見直しの内容について関係職種に対し共有していること。

また、報酬体系の簡素化の観点から、通所リハビリテーション、訪問リハビリテーションのリハビリテーションマネジメント加算（B）の要件について新規区分とし、加算区分を整理する。

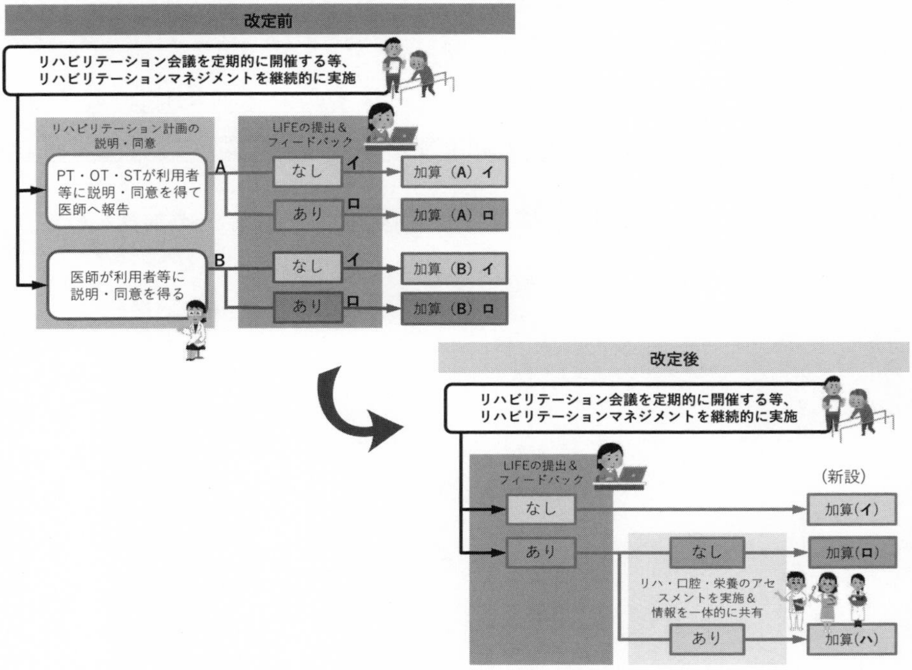

改定前

リハビリテーション会議を定期的に開催する等、
リハビリテーションマネジメントを継続的に実施

リハビリテーション計画の説明・同意
- A：PT・OT・STが利用者等に説明・同意を得て医師へ報告
- B：医師が利用者等に説明・同意を得る

LIFEの提出＆フィードバック
- A → なし → イ → 加算（A）イ
- A → あり → ロ → 加算（A）ロ
- B → なし → イ → 加算（B）イ
- B → あり → ロ → 加算（B）ロ

改定後

リハビリテーション会議を定期的に開催する等、
リハビリテーションマネジメントを継続的に実施

LIFEの提出＆フィードバック
- なし → 加算(イ)
- あり → リハ・口腔・栄養のアセスメントを実施＆情報を一体的に共有
  - なし → 加算(ロ)
  - あり → 加算(ハ)（新設）

※医師が利用者に説明し同意を得た場合は上記に加えて評価

単位数

○訪問リハビリテーション

リハビリテーション マネジメント加算（A）イ	180 単位 / 月	➡	リハビリテーション マネジメント加算<u>（イ）</u>	**180** 単位 / 月
リハビリテーション マネジメント加算（A）ロ	213 単位 / 月	➡	リハビリテーション マネジメント加算<u>（ロ）</u>	**213** 単位 / 月
リハビリテーション マネジメント加算（B）イ	450 単位 / 月	➡	廃止	
リハビリテーション マネジメント加算（B）ロ	483 単位 / 月	➡	廃止	

※医師が利用者又はその家族に説明した場合、上記に加えて 270 単位

算定要件等

○訪問リハビリテーション

〈リハビリテーションマネジメント加算<u>（イ）</u>〉

- 現行のリハビリテーションマネジメント加算（A）イ と同要件を設定。

〈リハビリテーションマネジメント加算<u>（ロ）</u>〉

- 現行のリハビリテーションマネジメント加算（A）ロ と同要件を設定。

〈<u>リハビリテーション事業所の医師が利用者又はその家族に対して説明し、利用者の同意を得た場合の加算</u>〉

- 従前の（B）の医師の説明に係る部分と同要件を設定し、別の加算として設定。

単位数

○通所リハビリテーション

現行	現行単位数		改定後	改定後単位数
リハビリテーションマネジメント加算（A）イ	同意日の属する月から ６月以内 560 単位 / 月 ６月超 240 単位 / 月	➡	リハビリテーションマネジメント加算（イ）	同意日の属する月から ６月以内 560 単位 / 月 ６月超 240 単位 / 月
リハビリテーションマネジメント加算（A）ロ	同意日の属する月から ６月以内 593 単位 / 月 ６月超 273 単位 / 月	➡	リハビリテーションマネジメント加算（ロ）	同意日の属する月から ６月以内 593 単位 / 月 ６月超 273 単位 / 月
リハビリテーションマネジメント加算（B）イ	同意日の属する月から ６月以内　830 単位 / 月 ６月超　510 単位 / 月	➡	廃止	
リハビリテーションマネジメント加算（B）ロ	同意日の属する月から ６月以内　863 単位 / 月 ６月超　543 単位 / 月	➡	廃止	
			リハビリテーションマネジメント加算（ハ）	同意日の属する月から ６月以内 793 単位 / 月 ６月超 473 単位 / 月

※医師が利用者またはその家族に説明した場合、上記に加えて 270 単位

算定要件等

○通所リハビリテーション

〈リハビリテーションマネジメント加算（イ）〉

●現行のリハビリテーションマネジメント加算（A）イ と同要件を設定。

〈リハビリテーションマネジメント加算（ロ）〉

●現行のリハビリテーションマネジメント加算（A）ロ と同要件を設定。

〈リハビリテーションマネジメント加算（ハ）〉

●リハビリテーションマネジメント加算（ロ）の要件を満たしていること。

●事業所の従業者として、又は外部との連携により管理栄養士を１名以上配置していること。

- 利用者毎に、多職種が共同して栄養アセスメント及び口腔アセスメントを行っていること。
- 利用者毎に、言語聴覚士、歯科衛生士又は看護職員がその他の職種の者と共同して口腔の健康状態を評価し、当該利用者の口腔の健康状態に係る解決すべき課題の把握を行っていること。
- 利用者毎に、関係職種が、通所リハビリテーション計画の内容の情報等や、利用者の口腔の健康状態に関する情報及び利用者の栄養状態に関する情報を相互に共有すること。
- 共有した情報を踏まえ、必要に応じて通所リハビリテーション計画を見直し、当該見直しの内容を関係職種に対して情報提供していること。

〈リハビリテーション事業所の医師が利用者又はその家族に対して説明し、利用者の同意を得た場合の加算〉

- 従前の（B）の医師の説明に係る部分と同要件を設定。

通所リハビリテーションにおけるリハビリテーションマネジメント

○リハビリテーションマネジメントは、調査、計画、実行、評価、改善（以下、「SPDCA」という）のサイクルの構築を通じて、心身機能、活動、参加にバランス良く働きかけるリハビリテーションが提供できているか、継続的に管理することにより、質の高いリハビリテーションの提供を目指すものである。

○介護報酬においては、基本報酬の算定要件及び各加算において評価を行っている。

基本報酬

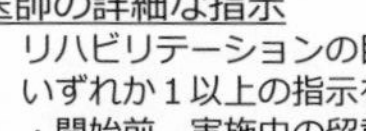

医師の詳細な指示

リハビリテーションの目的に加え、以下のいずれか１以上の指示を行う
・開始前、実施中の留意事項　・中止基準
・負荷量等

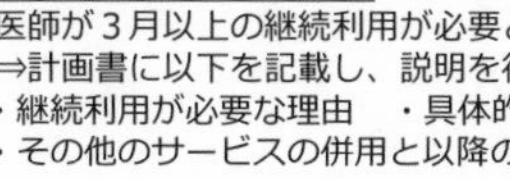

継続利用時の説明・記載

医師が３月以上の継続利用が必要と判断
⇒計画書に以下を記載し、説明を行う
・継続利用が必要な理由　・具体的な終了目安
・その他のサービスの併用と以降の見通し

計画の進捗状況の確認・計画の見直し
・初回評価はおおむね２週間以内
・以降は概ね３月ごとに評価
・必要に応じて計画を見直す

他事業所との連携

ケアマネジャーを通じて、その他のサービス従業者に、リハビリテーションの観点から、日常生活上の留意点、介護の工夫などの情報を伝達する。

居宅訪問

利用開始から１月以内に、利用者の居宅を訪問し、診療・検査等を行うよう努める

リハビリテーションマネジメント加算

(イ)の要件

リハビリテーション会議

以下の頻度でリハビリテーション会議を開催し、計画を見直す
・利用開始から６月以内　：１月に１回以上
・利用開始から６月超　　：３月に１回以上

指導・助言

介護の工夫に関する指導、日常生活上の留意点を助言する
・他サービスの従業者と居宅を訪問し、従業者に対して行う
・居宅を訪問し、家族に対して行う

ケアマネジャーへの情報提供

説明と同意

(ロ)の要件

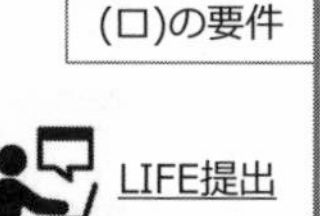

LIFE提出

(ハ)の要件

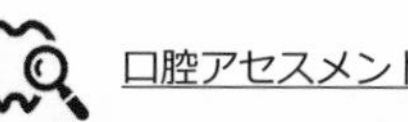

口腔アセスメント

栄養アセスメント

リハ・口腔・栄養の情報活用

10 リハビリテーション・個別機能訓練、口腔管理、栄養管理に係る一体的計画書の見直し★

通所介護・地域密着型通所介護 08 を参照

11 訪問及び通所リハビリテーションのみなし指定の見直し★

【訪問リハビリテーション★、通所リハビリテーション★】

基　準

○訪問リハビリテーション事業所、介護予防訪問リハビリテーション事業所のみなし指定が可能な施設

病院、診療所 ➡ 病院、診療所、**介護老人保健施設、介護医療院**

○人員配置基準について、以下の規定を設ける（訪問リハビリテーションの場合）

指定訪問リハビリテーション事業所が、みなし指定を受けた介護老人保健施設又は介護医療院である場合は、当該施設の医師の配置基準を満たすことをもって、訪問リハビリテーション事業所の医師の配置基準を満たしているものとみなすことができる。

12 介護予防サービスにおけるリハビリテーションの質の向上に向けた評価

【介護予防訪問リハビリテーション、介護予防通所リハビリテーション】

概要

○以下の見直しを行う。

ア　利用開始から 12 月が経過した後の減算について、3月に1回以上、リハビリテーション会議によるリハビリテーション計画の見直しを行い、LIFE へリハビリテーションのデータを提出しフィードバックを受けて PDCA サイクルを推進する場合は減算を行わない。

イ　要介護認定制度の見直しに伴い、より適切なアウトカム評価に資するよう LIFE へリハビリテーションのデータ提出を推進するとともに、事業所評価加算の廃止を行う。

単位数

○利用開始日の属する月から 12 月超

介護予防訪問リハビリテーション	5単位／回減算	新	**要件を満たした場合**	減算なし
		変更	**要件を満たさない場合**	**30** 単位／回減算
介護予防通所リハビリテーション		新	**要件を満たした場合**	減算なし
	要支援1 20 単位／月減算	変更	**要件を満たさない場合**	要支援1 **120** 単位／月減算
	要支援2 40 単位／月減算	変更	**要件を満たさない場合**	要支援2 **240** 単位／月減算

○事業所評価加算

介護予防訪問リハビリテーション	120 単位／月	→	廃止
介護予防通所リハビリテーション	120 単位／月	→	廃止

13 通所リハビリテーションの事業所規模別基本報酬の見直し

概要

○リハビリテーションマネジメントを実施する体制等が充実している事業所を評価する観点から、事業所規模別の基本報酬について、以下の見直しを行う。

ア　通常規模型、大規模型（Ⅰ）、大規模型（Ⅱ）の３段階になっている事業所規模別の基本報酬を、通常規模型、大規模型の２段階に変更する。

イ　大規模型事業所のうち、以下の要件を全て満たす事業所については、通常規模型と同等の評価を行う。

ⅰ リハビリテーションマネジメント加算の算定率が利用者全体の 80% を超えていること。

ⅱ リハビリテーション専門職の配置が 10：１以上であること。

単位数

5～6時間利用の場合

区分	要介護度	単位数
大規模型事業所（Ⅰ）	要介護 1	599 単位
	要介護 2	709 単位
	要介護 3	819 単位
	要介護 4	950 単位
	要介護 5	1,077 単位
大規模型事業所（Ⅱ）	要介護 1	579 単位
	要介護 2	687 単位
	要介護 3	793 単位
	要介護 4	919 単位
	要介護 5	1,043 単位

変更

区分	要介護度	単位数
大規模型事業所	要介護 1	**584** 単位
	要介護 2	**692** 単位
	要介護 3	**800** 単位
	要介護 4	**929** 単位
	要介護 5	**1,053** 単位
大規模型事業所 ※要件を満たした場合	要介護 1	**622** 単位
	要介護 2	**738** 単位
	要介護 3	**852** 単位
	要介護 4	**987** 単位
	要介護 5	**1,120** 単位

現行

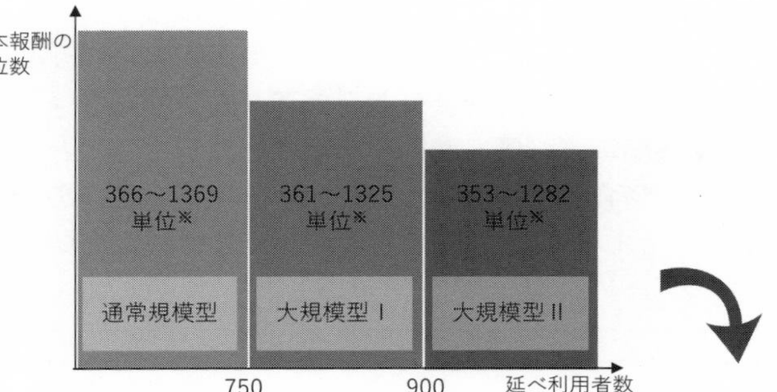

改定後

✓ リハビリテーションマネジメント加算を算定している利用者が**80%**以上
✓ リハビリテーション専門職の配置が**10：1**以上

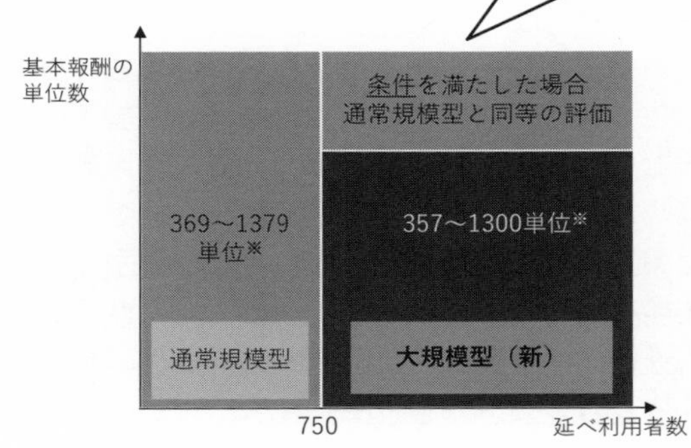

※　利用時間、要介護度毎に設定

14 ケアプラン作成に係る「主治の医師等」の明確化★

≫ 居宅介護支援 12 を参照

15 通所リハビリテーションにおける入浴介助加算（Ⅱ）の見直し

概要

○医師等に代わり介護職員が訪問し、医師等の指示の下、ICT 機器を活用して状況把握を行い、医師等が評価・助言する場合も算定することを可能とする。加えて、入浴介助加算（Ⅱ）の算定要件に係る現行のＱ＆Ａや留意事項通知で示している内容を告示に明記し、要件を明確化する。

算定要件等

〈入浴介助加算（Ⅱ）〉（入浴介助加算（Ⅰ）の要件に加えて）

- 医師、理学療法士、作業療法士、言語聴覚士若しくは介護支援専門員又は利用者の動作及び浴室の環境の評価を行うことができる福祉用具専門相談員、地域包括支援センターの職員その他住宅改修に関する専門的知識及び経験を有する者（以下「医師等」という。）が、利用者の居宅を訪問し、浴室における当該利用者の動作及び浴室の環境を評価していること。この際、当該居宅の浴室が、当該利用者自身又は家族等の介助により入浴を行うことが難しい環境にある場合には、訪問した医師等が、介護支援専門員・福祉用具専門相談員と連携し、福祉用具の貸与・購入・住宅改修等の浴室の環境整備に係る助言を行うこと。ただし、医師等による利用者の居宅への訪問が困難な場合には、医師等の指示の下、介護職員が利用者の居宅を訪問し、情報通信機器等を活用して把握した浴室における当該利用者の動作及び浴室の環境を踏まえ、医師等が当該評価・助言を行っても差し支えないものとする。

- 当該事業所の理学療法士等が、医師等との連携の下で、利用者の身体の状況、訪問により把握した居宅の浴室の環境等を踏まえた個別の入浴計画を作成すること。ただし、個別の入浴計画に相当する内容を通所リハビリテーション計画に記載することをもって個別の入浴計画の作成に代えることができる。

- 上記の入浴計画に基づき、個浴（個別の入浴をいう。）又は利用者の居宅の状況に近い環境（利用者の居宅の浴室の手すりの位置、使用する浴槽の深さ及び高さ等に合わせて、当該事業所の浴室に福祉用具等を設置することにより、利用者の居宅の浴室の状況を再現しているものをいう。）で、入浴介助を行うこと。

16 科学的介護推進体制加算の見直し★

通所介護・地域密着型通所介護 10 を参照

17 介護職員の処遇改善★

複
複数サービス共通 の④を参照

18 テレワークの取扱い★

複
複数サービス共通 の⑤を参照

19 人員配置基準における両立支援への配慮★

全
全サービス共通 の①を参照

20 外国人介護人材に係る人員配置基準上の取扱いの見直し★

複
複数サービス共通 の⑥を参照

21 管理者の責務及び兼務範囲の明確化★

全
全サービス共通 の②を参照

22 いわゆるローカルルールについて★

全サービス共通 の③を参照

23 運動器機能向上加算の基本報酬への包括化

【介護予防通所リハビリテーション】

単位数

運動器機能向上加算	225単位／月			(基本報酬に包括化)
選択的サービス複数実施加算Ⅰ	480単位			(栄養改善加算、口腔機能向上加算で評価)
選択的サービス複数実施加算Ⅱ	700単位		一体的サービス提供加算	480単位／月

算定要件等

○介護予防通所リハビリテーションについて、以下の要件を全て満たす場合、一体的サービス提供加算を算定する。

- 栄養改善サービス及び口腔機能向上サービスを実施していること。
- 利用者が介護予防通所リハビリテーションの提供を受けた日において、当該利用者に対し、栄養改善サービス又は口腔機能向上サービスのうちいずれかのサービスを行う日を１月につき２回以上設けていること。
- 栄養改善加算、口腔機能向上加算を算定していないこと。

24 「書面掲示」規制の見直し★

全サービス共通 の④を参照

25 特別地域加算、中山間地域等の小規模事業所加算及び中山間地域に居住する者へのサービス提供加算の対象地域の明確化★

複数サービス共通 の⑦を参照

26 通所系サービスにおける送迎に係る取扱いの明確化★

通所介護・地域密着型通所介護 21 を参照

訪問看護

予防訪問リハと対照的にリハ特化型には逆風。
医療ニーズ対応を重視。6月1日施行。

01 基本報酬

単位数

○指定訪問看護ステーションの場合

訪問看護

20 分未満	313 単位	➡	**314** 単位
30 分未満	470 単位	➡	**471** 単位
30 分以上 1 時間未満	821 単位	➡	**823** 単位
1 時間以上 1 時間 30 分未満	1,125 単位	➡	**1,128** 単位
理学療法士、作業療法士又は言語聴覚士の場合	293 単位	➡	**294** 単位

介護予防訪問看護

20 分未満	302 単位	➡	**303** 単位
30 分未満	450 単位	➡	**451** 単位
30 分以上 1 時間未満	792 単位	➡	**794** 単位
1 時間以上 1 時間 30 分未満	1,087 単位	➡	**1,090** 単位
理学療法士、作業療法士又は言語聴覚士の場合	283 単位	➡	**284** 単位

○病院又は診療所の場合

訪問看護

20分未満	265単位	➡	**266**単位
30分未満	398単位	➡	**399**単位
30分以上1時間未満	573単位	➡	**574**単位
1時間以上1時間30分未満	842単位	➡	**844**単位

介護予防訪問看護

20分未満	255単位	➡	**256**単位
30分未満	381単位	➡	**382**単位
30分以上1時間未満	552単位	➡	**553**単位
1時間以上1時間30分未満	812単位	➡	**814**単位

○定期巡回・随時対応型訪問介護看護事業所と連携する場合（1月につき）

訪問看護

2,954単位	➡	**2,961**単位

02 専門性の高い看護師による訪問看護の評価★

【訪問看護★、看護小規模多機能型居宅介護】

単位数

専門管理加算　**250**単位／月

算定要件等

○別に厚生労働大臣が定める基準に適合しているものとして都道府県知事に届け出た指定訪問看護事業所の緩和ケア、褥瘡ケア若しくは人工肛門ケア及び人工膀胱ケアに係る専門の研修を受けた看護師又は特定行為研修を修了した看護師が、指定訪問看護の実施に関する計画的な管理を行った場合には、所定単位数に加算する。

イ　緩和ケア、褥瘡ケア又は人工肛門ケア及び人工膀胱ケアに係る専門の研

修を受けた看護師が計画的な管理を行った場合

- 悪性腫瘍の鎮痛療法又は化学療法を行っている利用者
- 真皮を越える褥瘡の状態にある利用者
- 人工肛門又は人工膀胱を造設している者で管理が困難な利用者
- 特定行為※研修を修了した看護師が計画的な管理を行った場合
- 診療報酬における手順書加算を算定する利用者

※対象の特定行為：気管カニューレの交換、胃ろうカテーテル若しくは腸ろうカテーテル又は胃ろうボタンの交換、膀胱ろうカテーテルの交換、褥瘡又は慢性創傷の治療における血流のない壊死組織の除去、創傷に対する陰圧閉鎖療法、持続点滴中の高カロリー輸液の投与量の調整、脱水症状に対する輸液による補正

03 円滑な在宅移行に向けた看護師による退院当日訪問の推進★

概要

○看護師が退院・退所当日に初回訪問することを評価する新たな区分を設ける。

単位数

改定前		→	改定後	
初回加算	300単位／月	新	**初回加算（Ⅰ）**	**350**単位／月
			初回加算（Ⅱ）	300単位／月

算定要件等

○初回加算（Ⅰ）

入新規に訪問看護計画書を作成した利用者に対して、病院、診療所等から退院した日に指定訪問看護事業所の看護師が初回の指定訪問看護を行った場合に所定単位数を加算する。ただし、初回加算（Ⅱ）を算定している場合は、算定しない。

○初回加算（Ⅱ）

新規に訪問看護計画書を作成した利用者に対して、病院、診療所等から退院した日の翌日以降に初回の指定訪問看護を行った場合に所定単位数を加算する。ただし、初回加算（Ⅰ）を算定している場合は、算定しない。

04 訪問看護等におけるターミナルケア加算の見直し

【訪問看護、定期巡回・随時対応型訪問介護看護、看護小規模多機能型居宅介護】

単位数

ターミナルケア加算	2,000 単位／死亡月		ターミナルケア加算	**2,500** 単位／死亡月

算定要件等

○変更なし

05 情報通信機器を用いた死亡診断の補助に関する評価

【訪問看護、看護小規模多機能型居宅介護】

概要

○離島等に居住する利用者の死亡診断について、ターミナルケア加算を算定し、看護師が情報通信機器を用いて医師の死亡診断の補助を行った場合の評価を新たに設ける。

単位数

遠隔死亡診断補助加算　**150** 単位／回

算定要件等

○情報通信機器を用いた在宅での看取りに係る研修を受けた看護師が、医科診療報酬点数表の区分番号Ｃ 001 の注８（医科診療報酬点数表の区分番号Ｃ 001-2 の注６の規定により準用する場合（指定特定施設入居者生活介護事業者の指定を受けている有料老人ホームその他これに準ずる施設が算定する場合を除く。）を含む。）に規定する死亡診断加算を算定する利用者（別に厚生労働大臣が定める地域に居住する利用者に限る。）について、その主治医の指示に基づき、情報通信機器を用いて医師の死亡診断の補助を行った場合は、遠隔死亡診断補助加算として、所定単位数に加算する。

【参考】C001 在宅患者訪問診療料（I） 注8 死亡診断加算 200点
以下の要件を満たしている場合であって、「情報通信機器（ICT）を利用した死亡診断等ガイドライン（平成29年9月厚生労働省）」に基づき、ICTを利用した看護師との連携による死亡診断を行う場合には、往診又は訪問診療の際に死亡診断を行っていない場合でも、死亡診断加算のみを算定可能。
ア 当該患者に対して定期的・計画的な訪問診療を行っていたこと。
イ 正当な理由のために、医師が直接対面での死亡診断等を行うまでに12時間以上を要することが見込まれる状況であること。
ウ 特掲診療料の施設基準等の第四の四の三の三に規定する地域に居住している患者であって、連携する他の保険医療機関において区分番号「C005」在宅患者訪問看護・指導料の在宅ターミナルケア加算若しくは「C005-1-2」同一建物居住者訪問看護・指導料又は連携する訪問看護ステーションにおいて訪問看護ターミナルケア療養費を算定していること。

06 業務継続計画未策定事業所に対する減算の導入★

複数サービス共通 の①を参照

07 高齢者虐待防止の推進★

複数サービス共通 の②を参照

08 身体的拘束等の適正化の推進★

複数サービス共通 の③を参照

09 訪問系サービス及び短期入所系サービスにおける口腔管理に係る連携の強化★

訪問介護 08 を参照

10 テレワークの取扱い★

複数サービス共通 の⑤を参照

11 人員配置基準における両立支援への配慮★

全サービス共通 の①を参照

12 管理者の責務及び兼務範囲の明確化★

全サービス共通 の②を参照

13 いわゆるローカルルールについて★

全サービス共通 の③を参照

14 訪問看護等における24時間対応体制の充実★

【訪問看護★、定期巡回・随時対応型訪問介護看護】

単位数

緊急時訪問看護加算

指定訪問看護ステーションの場合	574単位／月
病院又は診療所の場合	315単位／月
一体型定期巡回・随時対応型訪問介護看護事業所の場合	315単位／月

緊急時訪問看護加算（Ⅰ）

指定訪問看護ステーションの場合	**600**単位／月
病院又は診療所の場合	**325**単位／月
一体型定期巡回・随時対応型訪問介護看護事業所の場合	**325**単位／月

緊急時訪問看護加算（Ⅱ）

指定訪問看護ステーションの場合	574単位／月
病院又は診療所の場合	315単位／月
一体型定期巡回・随時対応型訪問介護看護事業所の場合	315単位／月

算定要件等

〈緊急時訪問看護加算（Ⅰ）〉

○次に掲げる基準のいずれにも適合すること。

(1) 利用者又はその家族等から電話等により看護に関する意見を求められた場合に常時対応できる体制にあること。

(2) 緊急時訪問における看護業務の負担の軽減に資する十分な業務管理等の体制の整備が行われていること。

〈緊急時訪問看護加算（Ⅱ）〉

○緊急時訪問看護加算（Ⅰ）の（1）に該当するものであること。

15 訪問看護における24時間対応のニーズに対する即応体制の確保★

【訪問看護★、定期巡回・随時対応型訪問介護看護】

概要

○訪問看護における24時間対応について、看護師等に速やかに連絡できる体制等、サービス提供体制が確保されている場合は看護師等以外の職員も利用者又は家族等からの電話連絡を受けられるよう、見直しを行う。

算定要件等

○次のいずれにも該当し、24時間対応体制に係る連絡相談に支障がない体制を構築している場合には、24時間対応体制に係る連絡相談を担当する者について、当該訪問看護ステーションの保健師又は看護師以外の職員（以下「看護師等以外の職員」とする。）でも差し支えない。

ア　看護師等以外の職員が利用者又はその家族等からの電話等による連絡及び相談に対応する際のマニュアルが整備されていること。

イ　緊急の訪問看護の必要性の判断を保健師又は看護師が速やかに行える連絡体制及び緊急の訪問看護が可能な体制が整備されていること。

ウ　当該訪問看護ステーションの管理者は、連絡相談を担当する看護師等以外の職員の勤務体制及び勤務状況を明らかにすること。

エ　看護師等以外の職員は、電話等により連絡及び相談を受けた際に、保健師又は看護師へ報告すること。報告を受けた保健師又は看護師は、当該報告内容等を訪問看護記録書に記録すること。

オ　アからエについて、利用者及び家族等に説明し、同意を得ること。

カ　指定訪問看護事業者は、連絡相談を担当する看護師等以外の職員に関して都道府県知事に届け出ること。

16 退院時共同指導の指導内容の提供方法の柔軟化★

【訪問看護★、定期巡回・随時対応型訪問介護看護】

概要

○退院時共同指導加算について、指導内容を文書以外の方法で提供することを可能とする。

算定要件等

○病院、診療所、介護老人保健施設又は介護医療院に入院中又は入所中の者が退院又は退所するに当たり、指定訪問看護ステーションの看護師等（准看護師を除く。）が、退院時共同指導（当該者又はその看護に当たっている者に対して、病院、診療所、介護老人保健施設又は介護医療院の主治の医師その他の従業者と共同し、在宅での療養上必要な指導を行い、**その内容を提供する**ことをいう。）を行った後に、当該者の退院又は退所後に当該者に対する初回の指定訪問看護を行った場合に、退院時共同指導加算として、当該退院又は退所につき１回（特別な管理を必要とする利用者については、２回）に限り、所定単位数を加算する。ただし、初回加算を算定する場合には、退院時共同指導加算は算定しない。

17 理学療法士等による訪問看護の評価の見直し★

単位数

○理学療法士、作業療法士又は言語聴覚士による訪問の場合

厚生労働大臣が定める施設基準に該当する指定訪問看護事業所については、１回につき８単位を所定単位数から減算する。

○理学療法士、作業療法士又は言語聴覚士による訪問の場合（介護予防）

厚生労働大臣が定める施設基準に該当する指定介護予防訪問看護事業所については、１回につき８単位を所定単位数から減算する。

12月を超えて行う場合は、**介護予防訪問看護費の減算（※）を算定している場合は、１回につき15単位を所定単位数から更に減算し、介護予防訪問看護費の減算を算定していない場合は、**１回につき５単位を所定単位数から減算する。

※厚生労働大臣が定める施設基準に該当する場合の８単位減算

算定要件等

○次に掲げる基準のいずれかに該当すること

イ　当該訪問看護事業所における前年度の理学療法士、作業療法士又は言語聴覚士による訪問回数が、看護職員による訪問回数を超えていること。

ロ　緊急時訪問看護加算、特別管理加算及び看護体制強化加算をいずれも算定していないこと。

理学療法士等による訪問看護の評価の見直し（全体イメージ）

○次の基準のいずれかに該当する場合に以下の通り減算する

①前年度の理学療法士、作業療法士又は言語聴覚士による訪問回数が、看護職員による訪問回数を超えていること

②緊急時訪問看護加算、特別管理加算及び看護体制強化加算をいずれも算定していないこと

訪問看護費

理学療法士、作業療法士又は言語聴覚士による訪問		②緊急時訪問看護加算、特別管理加算、看護体制強化加算	
		算定している	算定していない
①訪問回数	看護職員≧リハ職	―	**8単位減算（新設）**
	看護職員＜リハ職	**8単位減算（新設）**	**8単位減算（新設）**

介護予防訪問看護費

理学療法士、作業療法士又は言語聴覚士による訪問		②緊急時訪問看護加算、特別管理加算、看護体制強化加算	
		算定している	算定していない
①訪問回数	看護職員≧リハ職	12月を超えて行う場合は5単位減算（現行のまま）	**8単位減算（新設）※**
	看護職員＜リハ職	**8単位減算（新設）※**	**8単位減算（新設）※**

※12月を超えて訪問を行う場合は更に**15単位減算**（新設）

理学療法士等の実施について、介護予防訪問リハビリテーションのような減算回避策はなし。

18 「書面掲示」規制の見直し★

全サービス共通 の④を参照

19 特別地域加算、中山間地域等の小規模事業所加算及び中山間地域に居住する者へのサービス提供加算の対象地域の明確化★

複数サービス共通 の⑦を参照

20 特別地域加算の対象地域の見直し★

複数サービス共通 の⑧を参照

福祉用具貸与・特定福祉用具販売

歩行器、スロープなどに「販売」の路。
ケアマネ関与低下が販売数に影響可能性あり。

01 業務継続計画未策定事業所に対する減算の導入★

複 ≫ 複数サービス共通　の①を参照

02 高齢者虐待防止の推進★

複 ≫ 複数サービス共通　の②を参照

03 身体的拘束等の適正化の推進★

複 ≫ 複数サービス共通　の③を参照

04 一部の福祉用具に係る貸与と販売の選択制の導入★

【福祉用具貸与★、特定福祉用具販売★、居宅介護支援★】

概要

○一部の用具について貸与と販売の選択制を導入する。その際、利用者への十分な説明と多職種の意見や利用者の身体状況等を踏まえた提案などを行うこととする。

選択制の対象とする福祉用具の種目・種類

○ 固定用スロープ　　○ 歩行器（歩行車を除く）
○ 単点杖（松葉づえを除く）　○多点杖

対象者の判断と判断体制・プロセス

○ 利用者等の意思決定に基づき、貸与又は販売を選択できることとし、介護支援専門員や福祉用具専門相談員は、貸与又は販売を選択できることについて十分な説明を行い、選択に当たっての必要な情報提供及び医師や専門職の意見、利用者の身体状況等を踏まえた提案を行うこととする。

貸与・販売後のモニタリングやメンテナンス等のあり方

※福祉用具専門相談員が実施

〈貸与後〉

○利用開始後少なくとも６月以内に一度モニタリングを行い、貸与継続の必要性について検討する。

〈販売後〉

○特定福祉用具販売計画における目標の達成状況を確認する。

○利用者等からの要請等に応じて、福祉用具の使用状況を確認し、必要な場合は、使用方法の指導や修理等を行うよう努める。

○利用者に対し、商品不具合時の連絡先を情報提供する。

四脚の内の前脚のみに車輪やキャスターが付いているものも歩行車。屋内外の用途は問わない。
単点杖はロフストランドクラッチなど。

05 モニタリング実施時期の明確化★

概要

○福祉用具貸与計画の記載事項にモニタリングの実施時期を追加する。

基　準

○福祉用具専門相談員は、利用者の希望、心身の状況及びその置かれている環境を踏まえ、指定福祉用具貸与の目標、当該目標を達成するための具体的なサービスの内容、福祉用具貸与計画の実施状況の把握（モニタリング）を行う時期等を記載した福祉用具貸与計画を作成しなければならない。

06 モニタリング結果の記録及び介護支援専門員への交付

概要

○福祉用具専門相談員が、モニタリングの結果を記録し、その記録を介護支援専門員に交付することを義務付ける。

基　準

○福祉用具専門相談員は、福祉用具貸与計画の作成後、当該福祉用具貸与計画の実施状況の把握（モニタリング）を行うものとする。

福祉用具専門相談員は、モニタリングの結果を記録し、当該記録をサービスの提供に係る居宅サービス計画を作成した指定居宅介護支援事業者に報告しなければならない。

福祉用具専門相談員は、モニタリングの結果を踏まえ、必要に応じて当該福祉用具貸与計画の変更を行うものとする。

※介護予防福祉用具貸与に同趣旨の規定あり

ポイント

モニタリング時期については「利用開始後少なくとも６月以内に１度」とあるが、さらに、その後の実施時期については福祉用具貸与計画に個別に定める。

07 福祉用具貸与・販売種目のあり方検討会を踏まえた対応★

【福祉用具貸与★、特定福祉用具販売★】

概要

○福祉用具に係る事故情報のインターネット公表、福祉用具専門相談員指定講習カリキュラムの見直し、介護保険における福祉用具の選定の判断基準の見直しや自治体向けの点検マニュアルの作成等の対応を行う。

算定要件等

〈介護保険制度における福祉用具貸与・販売種目のあり方検討会取りまとめ（概要）〉

○安全な利用の促進

- 福祉用具貸与事業所向けの「事故報告様式」及び「利用安全の手引き」の活用促進。
- 福祉用具の事故及びヒヤリ・ハット情報に関するインターネット上での公表等。

○サービスの質の向上

- 福祉用具専門相談員指定講習カリキュラムの見直し。
- 現に従事している福祉用具専門相談員に対する研修機会及びPDCAの適切な実践に関する周知徹底等。

○給付の適正化

- 「介護保険における福祉用具の選定の判断基準」の見直し（新たな福祉用具の追加、医療職を含む多職種や自治体職員等の幅広い関係者で共有できる内容とする観点からの見直し）。
- 自治体職員等によるチェック体制の充実・強化を図るための自治体向け点検マニュアルの作成等。

08 テレワークの取扱い★

複 複数サービス共通 の⑤を参照

09 人員配置基準における両立支援への配慮★

全サービス共通 の①を参照

10 管理者の責務及び兼務範囲の明確化★

全サービス共通 の②を参照

11 いわゆるローカルルールについて★

全サービス共通 の③を参照

12 「書面掲示」規制の見直し★

全サービス共通 の④を参照

13 特別地域加算、中山間地域等の小規模事業所加算及び中山間地域に居住する者へのサービス提供加算の対象地域の明確化★

複 複数サービス共通 の⑦を参照

14 特別地域加算の対象地域の見直し★

複 複数サービス共通 の⑧を参照

訪問入浴介護

新設の看取り連携体制加算は対応方針の作成が必要。
通知確認が必要。

01 基本報酬

単位数

※以下の単位数はすべて１回あたり

訪問入浴介護	1,260単位	➡	**1,266**単位
介護予防訪問入浴介護	852単位	➡	**856**単位

02 訪問入浴介護における看取り対応体制の評価

単位数

看取り連携体制加算 **64**単位／回
※死亡日及び死亡日以前30日以下に限る。

算定要件等

○利用者基準

イ　医師が一般に認められている医学的知見に基づき回復の見込みがないと診断した者であること。

ロ　看取り期における対応方針に基づき、利用者の状態又は家族の求め等に応じ、介護職員、看護職員等から介護記録等利用者に関する記録を活用し行われるサービスについての説明を受け、同意した上でサービスを受けている者（その家族等が説明を受け、同意した上でサービスを受けている者を含む。）であること。

○事業所基準

イ　病院、診療所又は訪問看護ステーション（以下「訪問看護ステーション等」という。）との連携により、利用者の状態等に応じた対応ができる連絡体制を確保し、かつ、必要に応じて当該訪問看護ステーション等により訪問看護等が提供されるよう訪問入浴介護を行う日時を当該訪問看護ステーション等と調整していること。
ロ　看取り期における対応方針を定め、利用開始の際に、利用者又はその家族等に対して、当該対応方針の内容を説明し、同意を得ていること。
ハ　看取りに関する職員研修を行っていること。

【参考】※看取り連携体制加算（小規模多機能型居宅介護）で求められる対応方針
例えば、次に掲げる事項を含むこととする。
ア 当該事業所における看取り期における対応方針に関する考え方
イ 医師や医療機関との連携体制（夜間及び緊急時に対応を含む。）
ウ 登録者等との話し合いにおける同意、意思確認及び情報提供の方法
エ 登録者等への情報提供に供する資料及び同意書等の様式
オ その他職員の具体的対応等

03 業務継続計画未策定事業所に対する減算の導入★

複 ≫ 複数サービス共通 の①を参照

04 高齢者虐待防止の推進★

複 ≫ 複数サービス共通 の②を参照

05 身体的拘束等の適正化の推進★

複 ≫ 複数サービス共通 の③を参照

06 訪問系サービスにおける認知症専門ケア加算の見直し★

≫ 訪問介護 07 を参照

07 介護職員の処遇改善★

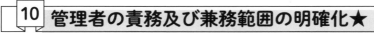

複数サービス共通 の④を参照

08 テレワークの取扱い★

複数サービス共通 の⑤を参照

09 人員配置基準における両立支援への配慮★

全サービス共通 の①を参照

10 管理者の責務及び兼務範囲の明確化★

全サービス共通 の②を参照

11 いわゆるローカルルールについて★

全サービス共通 の③を参照

12 「書面掲示」規制の見直し★

全サービス共通 の④を参照

13 特別地域加算、中山間地域等の小規模事業所加算及び中山間地域に居住する者へのサービス提供加算の対象地域の明確化★

複 ≫ 複数サービス共通 の⑦を参照

14 特別地域加算の対象地域の見直し★

複 ≫ 複数サービス共通 の⑧を参照

訪問リハビリテーション

予防通リハ同様に12月超減算の回避策新設。6月1日施行。

01 基本報酬

単位数

※以下の単位数はすべて1回あたり

○訪問リハビリテーション

基本報酬	307単位	➡	**308**単位

○介護予防訪問リハビリテーション

基本報酬	307単位	➡	**298**単位

02 医療機関のリハビリテーション計画書の受け取りの義務化★

≫ 通所リハビリテーション 04 を参照

03 退院後早期のリハビリテーション実施に向けた退院時情報連携の推進★

≫ 通所リハビリテーション 05 を参照

04 業務継続計画未策定事業所に対する減算の導入★

複 ≫ 複数サービス共通 の①を参照

05 高齢者虐待防止の推進★

複数サービス共通 の②を参照

06 身体的拘束等の適正化の推進★

複数サービス共通 の③を参照

07 訪問リハビリテーションにおける集中的な認知症リハビリテーションの推進

単位数

新	認知症短期集中リハビリテーション実施加算	240 単位 / 日

算定要件等

○次の要件を満たす場合、１週に２日を限度として加算。

- 認知症であると医師が判断した者であって、リハビリテーションによって生活機能の改善が見込まれると判断された者に対して、医師又は医師の指示を受けた理学療法士、作業療法士若しくは言語聴覚士が、その退院（所）日又は訪問開始日から３月以内の期間に、リハビリテーションを集中的に行うこと。

ポイント

調査サンプル数が 18 ～ 24 程度のサンプルをエビデンスにしたお試し的加算。

08 訪問・通所リハビリテーションにおけるリハビリテーション、口腔、栄養の一体的取組の推進

» 通所リハビリテーション 09 を参照

09 訪問及び通所リハビリテーションのみなし指定の見直し★

» 通所リハビリテーション 11 を参照

10 要介護・要支援のリハビリテーションの評価の差別化★

単位数

訪問 リハビリテーション	307 単位 / 回
介護予防訪問 リハビリテーション	307 単位 / 回

訪問 リハビリテーション	**308** 単位 / 回
介護予防訪問 リハビリテーション	**298** 単位 / 回

11 介護予防サービスにおけるリハビリテーションの質の向上に向けた評価（予防のみ）

» 通所リハビリテーション 12 を参照

12 退院直後の診療未実施減算の免除★

単位数

診療未実施減算　50 単位減算 ➡ 変更なし

※入院中リハビリテーションを受けていた利用者の退院後 1 ヶ月に限り減算を適用しない

算定要件等

○以下のいずれにも該当する場合、訪問リハビリテーションの診療未実施減算を適用しない。

- 医療機関に入院し、当該医療機関の医師が診療を行い、医師、理学療法士、作業療法士又は言語聴覚士からリハビリテーションの提供を受けた利用者であること。
- 訪問リハビリテーション事業所が、当該利用者の入院していた医療機関から、利用者に関する情報の提供を受けていること。
- 当該利用者の退院日から起算して1月以内の訪問リハビリテーションの提供であること。

13 診療未実施減算の経過措置の延長等★

単位数

診療未実施減算	50単位減算	➡	変更なし

算定要件等

○事業所の医師がリハビリテーション計画の作成に係る診療を行わなかった場合には、以下を要件とし、診療未実施減算を適用した上で訪問リハビリテーションを提供できる。

(1) 指定訪問リハビリテーション事業所の利用者が当該事業所とは別の医療機関の医師による計画的な医学的管理を受けている場合であって、当該事業所の医師が、計画的な医学的管理を行っている医師から、当該利用者に関する情報の提供を受けていること。

(2) 当該計画的な医学的管理を行っている医師が適切な研修の修了等をしていること。

(3) 当該情報の提供を受けた指定訪問リハビリテーション事業所の医師が、当該情報を踏まえ、リハビリテーション計画を作成すること。

○上記の規定に関わらず、令和9年3月31日までの間に、次に掲げる基準のいずれにも適合する場合には、同期間に限り、診療未実施減算を適用した上で訪問リハビリテーションを提供できる。

- 上記（1）及び（3）に適合すること。
- （2）に規定する研修の修了等の有無を確認し、訪問リハビリテーション計画書に記載していること。

14 ケアプラン作成に係る「主治の医師等」の明確化★

居宅介護支援 12 を参照

15 訪問系サービス及び短期入所系サービスにおける口腔管理に係る連携の強化★

訪問介護 08 を参照

16 テレワークの取扱い★

複 複数サービス共通 の⑤を参照

17 人員配置基準における両立支援への配慮★

全 全サービス共通 の①を参照

18 管理者の責務及び兼務範囲の明確化★

全 全サービス共通 の②を参照

19 いわゆるローカルルールについて★

全 全サービス共通 の③を参照

20 「書面掲示」規制の見直し★

全 全サービス共通 の④を参照

21 特別地域加算、中山間地域等の小規模事業所加算及び中山間地域に居住する者へのサービス提供加算の対象地域の明確化★

複数サービス共通 の⑦を参照

22 特別地域加算の対象地域の見直し★

複数サービス共通 の⑧を参照

短期入所生活介護

若干増。
他の施設系同様の人員緩和策など。

01 基本報酬

単位数

※以下の単位数はすべて1日あたり

○単独型・従来型個室

要支援1	474単位	➡	**479**単位
要支援2	589単位	➡	**596**単位
要介護1	638単位	➡	**645**単位
要介護2	707単位	➡	**715**単位
要介護3	778単位	➡	**787**単位
要介護4	847単位	➡	**856**単位
要介護5	916単位	➡	**926**単位

○併設型・従来型個室

要支援1	446単位	➡	**451**単位
要支援2	555単位	➡	**561**単位
要介護1	596単位	➡	**603**単位
要介護2	665単位	➡	**672**単位
要介護3	737単位	➡	**745**単位
要介護4	806単位	➡	**815**単位
要介護5	874単位	➡	**884**単位

○単独型・ユニット型個室

要支援1	555単位	➡	**561**単位
要支援2	674単位	➡	**681**単位
要介護1	738単位	➡	**746**単位
要介護2	806単位	➡	**815**単位
要介護3	881単位	➡	**891**単位
要介護4	949単位	➡	**959**単位
要介護5	1,017単位	➡	**1,028**単位

○併設型・ユニット型個室

要支援1	523単位	➡	**529**単位
要支援2	649単位	➡	**656**単位
要介護1	696単位	➡	**704**単位
要介護2	764単位	➡	**772**単位
要介護3	838単位	➡	**847**単位
要介護4	908単位	➡	**918**単位
要介護5	976単位	➡	**987**単位

02 主な加算

生活機能向上連携加算（Ⅰ）、（Ⅱ）	＋ 100 単位 / 月（3 月に 1 回を限度）、＋ 200 単位 / 月（個別機能訓練加算を算定している場合＋ 100 単位 / 月）
専従機能訓練指導員配置	＋ 12 単位 / 日
個別機能訓練加算	＋ 56 単位 / 日
看護体制加算（Ⅰ）、（Ⅱ）、（Ⅲ）、（Ⅳ）	＋ 4 単位 / 日、＋ 8 単位 / 日、 ＋ 12・＋ 6 単位 / 日、 ＋ 23・＋ 13 単位 / 日
看取り連携体制加算	死亡日及び死亡日以前 30 日以下に限り ＋ 64 単位 / 日
夜勤職員配置加算（Ⅰ）、（Ⅱ）、（Ⅲ）、（Ⅳ）	＋ 13 単位 / 日　～　＋ 20 単位 / 日
利用者に対して送迎を行う場合	＋ 184 単位 / 片道
緊急短期入所受入加算	＋ 90 単位 / 日（7 日（やむを得ない事情がある場合は 14 日）を限度）
口腔連携強化加算	+50 単位 / 回（1 月に 1 回を限度）
療養食加算	＋ 8 単位 / 日（1 日 3 回まで）
長期利用者	−30 単位 / 日、連続 61 日以上は基本報酬減
在宅中重度者受入加算（1）、（2）、（3）、（4）	＋ 421 単位 / 日、＋ 417 単位 / 日、 ＋ 413 単位 / 日、＋ 425 単位 / 日
認知症専門ケア加算（Ⅰ）、（Ⅱ）	＋ 3 単位 / 日、＋ 4 単位 / 日
生産性向上推進体制加（Ⅰ）、（Ⅱ）	+100 単位 / 月、+10 単位 / 月
サービス提供体制強化加算（Ⅰ）、（Ⅱ）、（Ⅲ）	＋ 22 単位 / 日、＋ 18 単位 / 日、 ＋ 6 単位 / 日

03 短期入所生活介護における看取り対応体制の強化

単位数

看取り連携体制加算 **64**単位／日
※死亡日及び死亡日以前30日以下について、7日を限度

算定要件等

○次のいずれかに該当すること。

(1) 看護体制加算（Ⅱ）又は（Ⅳ）イ若しくはロを算定していること。
(2) 看護体制加算（Ⅰ）又は（Ⅲ）イ若しくはロを算定しており、かつ、短期入所生活介護事業所の看護職員により、又は病院、診療所、訪問看護ステーション若しくは本体施設の看護職員との連携により、24時間連絡できる体制を確保していること。

○看取り期における対応方針を定め、利用開始の際に、利用者又はその家族等に対して当該対応方針の内容を説明し、同意を得ていること。

ポイント

看取り連携体制加算の対応方針は訪問入浴介護の02を参照。

04 業務継続計画未策定事業所に対する減算の導入★

複数サービス共通 の①を参照

05 高齢者虐待防止の推進★

複数サービス共通 の②を参照

06 身体的拘束等の適正化の推進★

複 複数サービス共通 の③を参照

07 訪問系サービス及び短期入所系サービスにおける口腔管理に係る連携の強化★

訪問介護 08 を参照

08 ユニットケア施設管理者研修の努力義務化★

介護老人福祉施設・地域密着型介護老人福祉施設入所者生活介護 21

09 介護職員の処遇改善★

複 複数サービス共通 の④を参照

10 テレワークの取扱い★

複 複数サービス共通 の⑤を参照

11 利用者の安全並びに介護サービスの質の確保及び職員の負担軽減に資する方策を検討するための委員会の設置の義務付け★

介護老人福祉施設・地域密着型介護老人福祉施設入所者生活介護 29

12 介護ロボットやICT等のテクノロジーの活用促進★

介護老人福祉施設・地域密着型介護老人福祉施設入所者生活介護 30

13 人員配置基準における両立支援への配慮★

全サービス共通 の①を参照

14 外国人介護人材に係る人員配置基準上の取扱いの見直し★

複数サービス共通 の⑥を参照

15 管理者の責務及び兼務範囲の明確化★

全サービス共通 の②を参照

16 いわゆるローカルルールについて★

全サービス共通 の③を参照

17 ユニット間の勤務体制に係る取扱いの明確化★

介護老人福祉施設・地域密着型介護老人福祉施設入所者生活介護 35

18 短期入所生活介護における長期利用の適正化★

単位数

○短期入所生活介護

（要介護３の場合）	単独型	併設型	単独型 ユニット型	併設型 ユニット型
基本報酬	787 単位	745 単位	891 単位	847 単位
長期利用者減算適用後 （31 日～ 60 日）	757 単位	715 単位	861 単位	817 単位
新 **長期利用の適正化** **（61 日以降）**	732 単位	715 単位	815 単位	815 単位
（参考）介護老人福祉施設	732 単位		815 単位	

※長期利用について、介護福祉施設サービス費の単位数と同単位数とする（併設型は、すでに長期利用者に対する減算によって介護福祉施設サービス費以下の単位数となっていることから、さらなる減算は行わない）。

○介護予防短期入所生活介護

要支援 1	（ユニット型）介護福祉施設サービス費の要介護 1 の単位数の 100 分の 75 に相当する単位数を算定する。
要支援 2	（ユニット型）介護福祉施設サービス費の要介護 1 の単位数の 100 分の 93 に相当する単位数を算定する。

算定要件等

○短期入所生活介護　連続して 60 日を超えて同一の短期入所生活介護事業所に入所している利用者。

○介護予防短期入所生活介護　連続して 30 日を超えて同一の介護予防短期入所生活介護事業所に入所している利用者。

19 「書面掲示」規制の見直し★

全サービス共通 の④を参照

20 基準費用額（居住費）の見直し

介護老人福祉施設・地域密着型介護老人福祉施設入所者生活介護 39

短期入所療養介護

微増。
他の施設系共通の人員緩和など。

01 基本報酬

単位数

※以下の単位数はすべて1日あたり

○介護老人保健施設（介護予防）短期入所療養介護（I）（iii）（多床室）（基本型）

要支援 1	610 単位	➡	**613** 単位
要支援 2	768 単位	➡	**774** 単位
要介護 1	827 単位	➡	**830** 単位
要介護 2	876 単位	➡	**880** 単位
要介護 3	939 単位	➡	**944** 単位
要介護 4	991 単位	➡	**997** 単位
要介護 5	1,045 単位	➡	**1,052** 単位

○介護老人保健施設（介護予防）短期入所療養介護（I）（iv）（多床室）（在宅強化型）

要支援 1	658 単位	➡	**672** 単位
要支援 2	817 単位	➡	**834** 単位
要介護 1	875 単位	➡	**902** 単位
要介護 2	951 単位	➡	**979** 単位
要介護 3	1,014 単位	➡	**1,044** 単位
要介護 4	1,071 単位	➡	**1,102** 単位
要介護 5	1,129 単位	➡	**1,161** 単位

単位数

※以下の単位数はすべて１日あたり

○病院療養病床（介護予防）短期入所療養介護（Ⅰ）（v）（多床室）（療養機能強化型A）（看護６：1、介護４：1）

要支援 1	626 単位	➡	**639** 単位
要支援 2	784 単位	➡	**801** 単位
要介護 1	849 単位	➡	**867** 単位
要介護 2	960 単位	➡	**980** 単位
要介護 3	1,199 単位	➡	**1,224** 単位
要介護 4	1,300 単位	➡	**1,328** 単位
要介護 5	1,391 単位	➡	**1,421** 単位

○病院療養病床(介護予防)短期入所療養介護(Ⅰ)(vi)(多床室)(療養機能強化型B)(看護６：1、介護４：1)

要支援 1	614 単位	➡	**627** 単位
要支援 2	772 単位	➡	**788** 単位
要介護 1	837 単位	➡	**855** 単位
要介護 2	946 単位	➡	**966** 単位
要介護 3	1,181 単位	➡	**1,206** 単位
要介護 4	1,280 単位	➡	**1,307** 単位
要介護 5	1,370 単位	➡	**1,399** 単位

02 総合医学管理加算の見直し★

概要

○介護老人保健施設が提供する短期入所療養介護における総合医学管理加算について、医療ニーズのある利用者の受入れを更に促進する観点から、以下の見直しを行う。（単位数変更なし）

ア　居宅サービス計画において計画的に行うこととなっている指定短期入所療養介護についても、治療管理を目的とするものについては同加算の対象とする。

イ　算定日数について７日を限度としているところ、10 日間を限度とする。

03 業務継続計画未策定事業所に対する減算の導入★

≫ 複数サービス共通　の①を参照

04 高齢者虐待防止の推進★

≫ 複数サービス共通　の②を参照

05 身体的拘束等の適正化の推進★

≫ 複数サービス共通　の③を参照

06 訪問系サービス及び短期入所系サービスにおける口腔管理に係る連携の強化★

≫ 訪問介護 08　を参照

07 ユニットケア施設管理者研修の努力義務化★

≫ 介護老人福祉施設・地域密着型介護老人福祉施設入所者生活介護 21

08 介護職員の処遇改善★

複 複数サービス共通 の④を参照

09 テレワークの取扱い★

複 複数サービス共通 の⑤を参照

10 利用者の安全並びに介護サービスの質の確保及び職員の負担軽減に資する方策を検討するための委員会の設置の義務付け★

介護老人福祉施設・地域密着型介護老人福祉施設入所者生活介護 29

11 介護ロボットや ICT 等のテクノロジーの活用促進★

介護老人福祉施設・地域密着型介護老人福祉施設入所者生活介護 30

12 介護老人保健施設等における見守り機器等を導入した場合の夜間における人員配置基準の緩和★

介護老人保健施設 32 を参照

13 人員配置基準における両立支援への配慮★

全 全サービス共通 の①を参照

14 外国人介護人材に係る人員配置基準上の取扱いの見直し★

≫ 複数サービス共通 の⑥を参照

15 管理者の責務及び兼務範囲の明確化★

≫ 全サービス共通 の②を参照

16 いわゆるローカルルールについて★

≫ 全サービス共通 の③を参照

17 ユニット間の勤務体制に係る取扱いの明確化★

≫ 介護老人福祉施設・地域密着型介護老人福祉施設入所者生活介護 35

18 多床室の室料負担

≫ 介護老人保健施設 38 を参照

19 「書面掲示」規制の見直し★

≫ 全サービス共通 の④を参照

20 基準費用額（居住費）の見直し

≫ 介護老人福祉施設・地域密着型介護老人福祉施設入所者生活介護 39

居宅療養管理指導

高齢者虐待防止措置、業務継続計画の経過措置の延長。
6月1日施行。

01 基本報酬

単位数

※以下の単位数はすべて1回あたり（介護予防も同様）

◉医師が行う場合

（1）居宅療養管理指導（Ⅰ）
（Ⅱ以外の場合に算定）

単一建物居住者が1人	514単位	➡	**515**単位
単一建物居住者が2～9人	486単位	➡	**487**単位
単一建物居住者が10人以上	445単位	➡	**446**単位

（2）居宅療養管理指導（Ⅱ）
（在宅時医学総合管理料等を算定する利用者を対象とする場合に算定）

単一建物居住者が1人	298単位	➡	**299**単位
単一建物居住者が2～9人	286単位	➡	**287**単位
単一建物居住者が10人以上	259単位	➡	**260**単位

◉歯科医師が行う場合

単一建物居住者が1人	516単位	➡	**517**単位
単一建物居住者が2～9人	486単位	➡	**487**単位
単一建物居住者が10人以上	440単位	➡	**441**単位

◉薬剤師が行う場合

（1）病院又は診療所の薬剤師

単一建物居住者が１人	565 単位	➡	**566** 単位
単一建物居住者が２～９人	416 単位	➡	**417** 単位
単一建物居住者が 10 人以上	379 単位	➡	**380** 単位

（2）薬局の薬剤師

単一建物居住者が１人	517 単位	➡	**518** 単位
単一建物居住者が２～９人	378 単位	➡	**379** 単位
単一建物居住者が 10 人以上	341 単位	➡	**342** 単位
情報通信機器を用いて行う場合	45 単位	➡	**46** 単位

◉管理栄養士が行う場合

（1）当該事業所の管理栄養士

単一建物居住者が１人	544 単位	➡	**545** 単位
単一建物居住者が２～９人	486 単位	➡	**487** 単位
単一建物居住者が 10 人以上	443 単位	➡	**444** 単位

（2）当該事業所以外の管理栄養士

単一建物居住者が１人	524 単位	➡	**525** 単位
単一建物居住者が２～９人	466 単位	➡	**467** 単位
単一建物居住者が 10 人以上	423 単位	➡	**424** 単位

◉歯科衛生士が行う場合

単一建物居住者が１人	361 単位	➡	**362** 単位
単一建物居住者が２～９人	325 単位	➡	**326** 単位
単一建物居住者が 10 人以上	294 単位	➡	**295** 単位

02 患者の状態に応じた在宅薬学管理の推進★

概要

○薬剤師が行う居宅療養管理指導について、在宅患者に対して適切な薬物療法を提供する観点から、以下の見直しを行う。

ア　在宅で医療用麻薬持続注射療法を行っている患者に対して、注入ポンプによる麻薬の使用など在宅での療養の状況に応じた薬学的管理及び指導を行うことを評価する新たな加算を設ける。

イ　在宅中心静脈栄養法が行われている患者に対して、輸液セットを用いた中心静脈栄養法用輸液等の薬剤の使用など在宅での療養の状況に応じた薬学的管理及び指導を行うことを評価する新たな加算を設ける。

ウ　心不全や呼吸不全で麻薬注射剤を使用する患者は頻回な訪問が必要となることから、末期の悪性腫瘍の者及び中心静脈栄養を受けている者と同様に、週に２回かつ１月に８回を限度として算定することを可能とする。

単位数

新	**医療用麻薬持続注射療法加算**	**250** 単位／回
	在宅中心静脈栄養法加算	**150** 単位／回

03 身体的拘束等の適正化の推進★

複数サービス共通　**の③を参照**

04 居宅療養管理指導における管理栄養士及び歯科衛生士等の通所サービス利用者に対する介入の充実★

概要

○通所サービス利用者に対する管理栄養士による栄養食事指導及び歯科衛生士等による歯科衛生指導について、算定対象を通院又は通所が困難な者から通院困難な者に見直す。

算定要件等

二　管理栄養士が行う場合

注１　在宅の利用者であって通院が困難なものに対して、（中略）１月に２回を限度として、所定単位数を算定する。

ホ　歯科衛生士等が行う場合

注１　在宅の利用者であって通院が困難なものに対して、（中略）１月に４回を限度として、所定単位数を算定する。

〈改定後〉

利用者の状況	通所可	通所不可
通院可	×	×
通院不可	○	○

○：算定可
×：算定不可

05 居宅療養管理指導におけるがん末期の者に対する歯科衛生士等の介入の充実★

算定要件等

○利用者に対して訪問歯科診療を行った歯科医師の指示に基づき、当該利用者を訪問し、実地指導を行った場合に、単一建物居住者（当該利用者が居住する建物に居住する者のうち、当該指定居宅療養管理指導事業所の歯科衛生士等が、同一月に指定居宅療養管理指導を行っているものをいう。）の人数に従い、１月に４回（がん末期の利用者については、1月に6回）を限度として、所定単位数を算定する。

06 管理栄養士による居宅療養管理指導の算定回数の見直し★

概要

○一時的に頻回な介入が必要と医師が判断した利用者について期間を設定したうえで追加訪問することを可能とする。

算定要件等

○算定要件（追加内容）

- 計画的な医学的管理を行っている医師が、利用者の急性増悪等により一時的に頻回の栄養管理を行う必要がある旨の特別の指示を行う。
- 利用者を訪問し、栄養管理に係る情報提供及び指導又は助言を行う。
- 特別の指示に基づく管理栄養士による居宅療養管理指導は、その指示の日から30日間に限り、従来の居宅療養管理指導の限度回数（１月に２回）を超えて、２回を限度として行うことができる。

ポイント

終末期におけるきめ細かな栄養管理等のニーズに応える観点から見直し。

07 人員配置基準における両立支援への配慮★

全サービス共通 の①を参照

08 管理者の責務及び兼務範囲の明確化★

全サービス共通 の②を参照

09 いわゆるローカルルールについて★

全サービス共通 の③を参照

10 薬剤師による情報通信機器を用いた服薬指導の評価の見直し★

概要

○薬剤師による情報通信機器を用いた居宅療養管理指導について、以下の見直しを行う。

ア　初回から情報通信機器を用いた居宅療養管理指導の算定を可能とする。
イ　訪問診療において交付された処方箋以外の処方箋に係る情報通信機器を用いた居宅療養管理指導についても算定可能とする。
ウ　居宅療養管理指導の上限である月４回まで算定可能とする。

単位数

情報通信機器を用いた場合	45 単位 / 回 (月 1 回まで)	 変更	**46** 単位 / 回 (月 **4** 回まで)

ポイント

従前の要件「診療報酬における在宅時医学総合管理料に規定する訪問診療の実施に伴い、処方箋（せん）が交付された利用者であること」が削除。

11 「書面掲示」規制の見直し★

全サービス共通　の④を参照

12 特別地域加算、中山間地域等の小規模事業所加算及び中山間地域に居住する者へのサービス提供加算の対象地域の明確化★

複 ≫ 複数サービス共通 の⑦を参照

13 特別地域加算の対象地域の見直し★

複 ≫ 複数サービス共通 の⑧を参照

14 居宅療養管理指導における高齢者虐待防止措置及び業務継続計画の策定等に係る経過措置期間の延長★

概要

○居宅療養管理指導について、事業所のほとんどがみなし指定であることや、体制整備に関する更なる周知の必要性等を踏まえ、令和６年３月31日までとされている以下の義務付けに係る経過措置期間を３年間延長する。

ア　虐待の発生又はその再発を防止するための措置
イ　業務継続計画の策定等

小規模多機能型居宅介護

若干増。地域に開かれた拠点、地域と共に利用者を支える仕組みづくりを促進。

01 基本報酬

単位数

○同一建物に居住する者以外の者に対して行う場合（1月あたり）

要支援 1	3,438 単位	➡	**3,450** 単位
要支援 2	6,948 単位	➡	**6,972** 単位
要介護 1	10,423 単位	➡	**10,458** 単位
要介護 2	15,318 単位	➡	**15,370** 単位
要介護 3	22,283 単位	➡	**22,359** 単位
要介護 4	24,593 単位	➡	**24,677** 単位
要介護 5	27,117 単位	➡	**27,209** 単位

○同一建物に居住する者に対して行う場合（1月あたり）

要支援 1	3,098 単位	➡	**3,109** 単位
要支援 2	6,260 単位	➡	**6,281** 単位
要介護 1	9,391 単位	➡	**9,423** 単位
要介護 2	13,802 単位	➡	**13,849** 単位
要介護 3	20,076 単位	➡	**20,144** 単位
要介護 4	22,158 単位	➡	**22,233** 単位
要介護 5	24,433 単位	➡	**24,516** 単位

○短期利用の場合（1日あたり）

要支援 1	423 単位	➡	**424** 単位
要支援 2	529 単位	➡	**531** 単位
要介護 1	570 単位	➡	**572** 単位
要介護 2	638 単位	➡	**640** 単位
要介護 3	707 単位	➡	**709** 単位
要介護 4	774 単位	➡	**777** 単位
要介護 5	840 単位	➡	**843** 単位

02 総合マネジメント体制強化加算の見直し★

【定期巡回・随時対応型訪問介護看護、小規模多機能型居宅介護★、看護小規模多機能型居宅介護】

概要

○総合マネジメント体制強化加算について新たな区分を設け、現行の加算区分については、評価の見直しを行う。

単位数

現行			改定後	
総合マネジメント体制強化加算	1,000 単位／月		**総合マネジメント体制強化加算（Ⅰ）**	**1,200** 単位／月
			総合マネジメント体制強化加算（Ⅱ）	**800** 単位／月

右図「在宅医療・介護連携推進事業」とは、関係機関が連携し、多職種協働により在宅医療・介護を一体的に提供できる体制を構築するため、都道府県・保健所の支援の下、市区町村が中心となって、地域の医師会等と緊密に連携しながら、地域の関係機関の連携体制の構築を推進する事業。地域ごとに内容が異なる。区市町村に要確認。

算定要件等

【定期巡回・随時対応型訪問介護看護、小規模多機能型居宅介護★、看護小規模多機能型居宅介護】

算定要件	加算（Ⅰ）：1,200 単位（新設）			加算（Ⅱ）：800 単位（現行の 1,000 単位から見直し）		
	小規模多機能型居宅介護	看護小規模多機能型居宅介護	定期巡回・随時対応型訪問介護看護	小規模多機能型居宅介護	看護小規模多機能型居宅介護	定期巡回・随時対応型訪問介護看護
(1) 個別サービス計画について、利用者の心身の状況や家族を取り巻く環境の変化を踏まえ、介護職員（計画作成責任者）や看護職員等の多職種協働により、随時適切に見直しを行っていること	○	○	○	○	○	○
(2) 利用者の地域における多様な活動が確保されるように、日常的に地域住民等との交流を図り、利用者の状態に応じて、地域の行事や活動等に積極的に参加していること	○	○		○	○	
(3) 地域の病院、診療所、介護老人保健施設等に対し、事業所が提供することのできるサービスの具体的な内容に関する情報提供を行っていること		○	○		○	○
新 (4) 日常的に利用者と関わりのある地域住民等の相談に対応する体制を確保していること	○	○	○			
新 (5) 必要に応じて、多様な主体が提供する生活支援のサービス（インフォーマルサービスを含む）が包括的に提供されるような居宅サービス計画を作成していること	○	○				
新 (6) 地域住民等との連携により、地域資源を効果的に活用し、利用者の状態に応じた支援を行っていること	事業所の特性に応じて1つ以上実施	事業所の特性に応じて1つ以上実施	○			
新 (7) 障害福祉サービス事業所、児童福祉施設等と協働し、地域において世代間の交流の場の拠点となっていること※			事業所の特性に応じて1つ以上実施			
新 (8) 地域住民等、他事業所等と共同で事例検討会、研修会等を実施していること						
新 (9) 市町村が実施する通いの場や在宅医療・介護連携推進事業等の地域支援事業等に参加していること						
新 (10) 地域住民及び利用者の住まいに関する相談に応じ、必要な支援を行っていること						

※定期巡回・随時対応型訪問介護看護については、「障害福祉サービス事業所、児童福祉施設等と協働し、地域において世代間の交流を行っていること。」が要件

03 業務継続計画未策定事業所に対する減算の導入★

複 ≫ 複数サービス共通 の①を参照

04 高齢者虐待防止の推進★

≫ 複数サービス共通 の②を参照

05 身体的拘束等の適正化の推進★

≫ 複数サービス共通 の③を参照

06 小規模多機能型居宅介護における認知症対応力の強化

【小規模多機能型居宅介護、看護小規模多機能型居宅介護】

概要

○認知症加算について新たな区分を設け、現行の加算区分については、評価の見直しを行う。

単位数

		新	**認知症加算（Ⅰ）**	920 単位／月
認知症加算（Ⅰ）	800 単位／月	新	**認知症加算（Ⅱ）**	890 単位／月
認知症加算（Ⅱ）	500 単位／月		認知症加算（Ⅲ）	**760** 単位／月
			認知症加算（Ⅳ）	**460** 単位／月

算定要件等

〈認知症加算（Ⅰ）〉（新設）

- 認知症介護実践リーダー研修等修了者を認知症高齢者の日常生活自立度Ⅲ以上の者が20人未満の場合は1以上、20人以上の場合は1に、当該対象者の数が19を超えて10又は端数を増すごとに1を加えて得た数以上配置。
- 認知症高齢者の日常生活自立度Ⅲ以上の者に対して、専門的な認知症ケアを実施した場合。
- 当該事業所の従業者に対して、認知症ケアに関する留意事項の伝達又は技術的指導に係る会議を定期的に開催。
- 認知症介護指導者研修修了者を1名以上配置し、事業所全体の認知症ケアの指導等を実施。
- 介護職員、看護職員ごとの認知症ケアに関する研修計画を作成し、実施又は実施を予定。

〈認知症加算（Ⅱ）〉（新設）

- 認知症介護実践リーダー研修等修了者を認知症高齢者の日常生活自立度Ⅲ以上の者が20人未満の場合は1以上、20人以上の場合は1に、当該対象者の数が19を超えて10又は端数を増すごとに1を加えて得た数以上配置。
- 認知症高齢者の日常生活自立度Ⅲ以上の者に対して、専門的な認知症ケアを実施した場合。
- 当該事業所の従業者に対して、認知症ケアに関する留意事項の伝達又は技術的指導に係る会議を定期的に開催。

〈認知症加算（Ⅲ）〉（現行のⅠと同じ））

- 認知症高齢者の日常生活自立度Ⅲ以上の者に対して、（看護）小規模多機能型居宅介護を行った場合。

〈認知症加算（Ⅳ）〉（現行のⅠと同じ）

- 要介護状態区分が要介護2である者であって、認知症高齢者の日常生活自立度Ⅱに該当する者に対して、（看護）小規模多機能型居宅介護を行った場合。

07 科学的介護推進体制加算の見直し★

通所介護・地域密着型通所介護 10 を参照

08 介護職員の処遇改善★

複 複数サービス共通 の④を参照

09 テレワークの取扱い★

複 複数サービス共通 の⑤を参照

10 利用者の安全並びに介護サービスの質の確保及び職員の負担軽減に資する方策を検討するための委員会の設置の義務付け★

介護老人福祉施設・地域密着型介護老人福祉施設入所者生活介護 29

11 介護ロボットやICT等のテクノロジーの活用促進★

介護老人福祉施設・地域密着型介護老人福祉施設入所者生活介護 30

12 人員配置基準における両立支援への配慮★

全 全サービス共通 の①を参照

13 外国人介護人材に係る人員配置基準上の取扱いの見直し★

複 複数サービス共通 の⑥を参照

14 管理者の責務及び兼務範囲の明確化★

全サービス共通 の②を参照

15 いわゆるローカルルールについて★

全サービス共通 の③を参照

16 小規模多機能型居宅介護における管理者の配置基準の見直し★

【小規模多機能型居宅介護★、看護小規模多機能型居宅介護】

概要

○他の事業所の管理者及び従事者との兼務可能なサービス類型を限定しないこととする。

算定要件等

〈小規模多機型居宅介護〉

（管理者）

第64条 指定小規模多機能型居宅介護事業者は、指定小規模多機能型居宅介護事業所ごとに専らその職務に従事する常勤の管理者を置かなければならない。ただし、指定小規模多機能型居宅介護事業所の管理上支障がない場合は、当該指定小規模多機能型居宅介護事業所の他の職務に従事し、又は<u>他の事業所、施設等の職務</u>に従事することができるものとする。

〈看護小規模多機型居宅介護〉

（管理者）

第172条 指定看護小規模多機能型居宅介護事業者は、指定看護小規模多機能型居宅介護事業所ごとに専らその職務に従事する常勤の管理者を置かなければならない。ただし、指定看護小規模多機能型居宅介護事業所の管理上支障がない場合は、当該指定看護小規模多機能型居宅介護事業所の他の職務に従事し、又は<u>他の事業所、施設等の職務</u>に従事することができるものとする。

17 「書面掲示」規制の見直し★

全サービス共通 の④を参照

18 特別地域加算、中山間地域等の小規模事業所加算及び中山間地域に居住する者へのサービス提供加算の対象地域の明確化★

複数サービス共通 の⑦を参照

19 特別地域加算の対象地域の見直し★

複数サービス共通 の⑧を参照

看護小規模多機能型居宅介護

微増。管理者配置要件が緩和。

01 基本報酬

単位数

○同一建物に居住する者以外の者に対して行う場合（1月あたり）

要介護１	12,438 単位	➡	**12,447** 単位
要介護２	17,403 単位	➡	**17,415** 単位
要介護３	24,464 単位	➡	**24,481** 単位
要介護４	27,747 単位	➡	**27,766** 単位
要介護５	31,386 単位	➡	**31,408** 単位

○同一建物に居住する者に対して行う場合（1月あたり）

要介護１	11,206 単位	➡	**11,214** 単位
要介護２	15,680 単位	➡	**15,691** 単位
要介護３	22,042 単位	➡	**22,057** 単位
要介護４	25,000 単位	➡	**25,017** 単位
要介護５	28,278 単位	➡	**28,298** 単位

○短期利用の場合（1日あたり）

要介護１	570 単位	➡	**571** 単位
要介護２	637 単位	➡	**638** 単位
要介護３	705 単位	➡	**706** 単位
要介護４	772 単位	➡	**773** 単位
要介護５	838 単位	➡	**839** 単位

02 総合マネジメント体制強化加算の見直し

≫ 小規模多機能型居宅介護 02 を参照

03 専門性の高い看護師による訪問看護の評価

≫ 訪問看護 02 を参照

04 看護小規模多機能型居宅介護における柔軟なサービス利用の促進

概要

○以下の見直しを行う。

- 当該登録者へのサービス提供回数が過少な場合は、基本報酬を減算する。
- 緊急時訪問看護加算について、緊急時の宿泊サービスを必要に応じて提供する体制を評価する要件を追加する見直しを行う。

単位数・算定要件等

〈改定後〉

イ　看護小規模多機能型居宅介護費（1月につき）

算定月における提供回数について、週平均1回に満たない場合、又は登録者（短期利用居宅介護費を算定する者を除く。）1人当たり平均回数が、週4回に満たない場合は、所定単位数の100分の70に相当する単位数を算定する。

〈改定後〉

ヲ　緊急時対応加算　774単位／月

利用者の同意を得て、利用者又はその家族等に対して当該基準により24時間連絡できる体制にあって、かつ、計画的に訪問することとなっていない緊急時における訪問及び計画的に宿泊することとなっていない緊急時における宿泊を必要に応じて行う体制にある場合（訪問については、訪問看護サービスを行う場合に限る。）には、1月につき所定単位数を加算する。

05 訪問看護等におけるターミナルケア加算の見直し

≫ 訪問看護 04 を参照

06 情報通信機器を用いた死亡診断の補助に関する評価

≫ 訪問看護 05 を参照

07 業務継続計画未策定事業所に対する減算の導入

複 ≫ 複数サービス共通 の①を参照

08 高齢者虐待防止の推進

複 ≫ 複数サービス共通 の②を参照

09 身体的拘束等の適正化の推進

複 ≫ 複数サービス共通 の③を参照

10 （看護）小規模多機能型居宅介護における認知症対応力の強化

≫ 小規模多機能型居宅介護 06 を参照

11 科学的介護推進体制加算の見直し

≫ 通所介護・地域密着型通所介護 10 を参照

12 アウトカム評価の充実のための排せつ支援加算の見直し

介護老人福祉施設・地域密着型介護老人福祉施設入所者生活介護 25

13 アウトカム評価の充実のための褥瘡マネジメント加算等の見直し

介護老人福祉施設・地域密着型介護老人福祉施設入所者生活介護 26

14 介護職員の処遇改善

複 複数サービス共通 の④を参照

15 テレワークの取扱い

複 複数サービス共通 の⑤を参照

16 利用者の安全並びに介護サービスの質の確保及び職員の負担軽減に資する方策を検討するための委員会の設置の義務付け

介護老人福祉施設・地域密着型介護老人福祉施設入所者生活介護 29

17 介護ロボットやICT等のテクノロジーの活用促進

介護老人福祉施設・地域密着型介護老人福祉施設入所者生活介護 30

18 人員配置基準における両立支援への配慮

全 全サービス共通 の①を参照

19 外国人介護人材に係る人員配置基準上の取扱いの見直し

» 複数サービス共通 の⑥を参照

20 管理者の責務及び兼務範囲の明確化

» 全サービス共通 の②を参照

21 いわゆるローカルルールについて

» 全サービス共通 の③を参照

22 (看護)小規模多機能型居宅介護における管理者の配置基準の見直し

» 小規模多機能型居宅介護 16 を参照

23 「書面掲示」規制の見直し

» 全サービス共通 の④を参照

24 特別地域加算、中山間地域等の小規模事業所加算及び中山間地域に居住する者へのサービス提供加算の対象地域の明確化

» 複数サービス共通 の⑦を参照

25 特別地域加算の対象地域の見直し

» 複数サービス共通 の⑧を参照

26 看護小規模多機能型居宅介護におけるサービス内容の明確化

概要

○「通い」・「泊まり」で提供されるサービスに、看護サービス（療養上の世話又は必要な診療の補助）が含まれる旨を運営基準においても明確化する。

基　準

〈改定後〉
（指定看護小規模多機能型居宅介護の具体的取扱方針）
第 177 条

一　指定看護小規模多機能型居宅介護は、利用者が住み慣れた地域での生活を継続することができるよう、利用者の病状、心身の状況、希望及びその置かれている環境を踏まえて、通いサービス、訪問サービス及び宿泊サービスを柔軟に組み合わせることにより、当該利用者の居宅において、又はサービスの拠点に通わせ、若しくは短期間宿泊させ、日常生活上の世話及び機能訓練並びに療養上の世話又は必要な診療の補助を妥当適切に行うものとする。

認知症対応型共同生活介護

夜間支援体制緩和も外国人の配置条件緩和策も選択肢。

01 基本報酬

単位数

※以下の単位数はすべて１日あたり

○入居の場合

１ユニットの場合	要支援２	760 単位	➡	**761** 単位
	要介護１	764 単位	➡	**765** 単位
	要介護２	800 単位	➡	**801** 単位
	要介護３	823 単位	➡	**824** 単位
	要介護４	840 単位	➡	**841** 単位
	要介護５	858 単位	➡	**859** 単位
２ユニット以上の場合	要支援２	748 単位	➡	**749** 単位
	要介護１	752 単位	➡	**753** 単位
	要介護２	787 単位	➡	**788** 単位
	要介護３	811 単位	➡	**812** 単位
	要介護４	827 単位	➡	**828** 単位
	要介護５	844 単位	➡	**845** 単位

○短期利用の場合

1ユニットの場合	要支援2	788単位	➡	**789**単位
	要介護1	792単位	➡	**793**単位
	要介護2	828単位	➡	**829**単位
	要介護3	853単位	➡	**854**単位
	要介護4	869単位	➡	**870**単位
	要介護5	886単位	➡	**887**単位

2ユニット以上の場合	要支援2	776単位	➡	**777**単位
	要介護1	780単位	➡	**781**単位
	要介護2	816単位	➡	**817**単位
	要介護3	840単位	➡	**841**単位
	要介護4	857単位	➡	**858**単位
	要介護5	873単位	➡	**874**単位

02 主な加算

身体拘束廃止未実施減算	− 75 単位　～　− 86 単位
3 ユニットで夜勤を行う職員の員数を 2 人以上とする場合	− 50 単位 / 日
夜間支援体制加算（Ⅰ）、（Ⅱ）	+ 50 単位 / 日、+ 25 単位 / 日
認知症行動・心理症状緊急対応加算	+ 200 単位 / 日（7 日間を限度）
看取り介護加算（1）、（2）、（3）、（4）	+ 72 単位 / 日、+ 144 単位 / 日、 + 680 単位 / 日、+ 1280 単位 / 日
初期加算	+ 30 単位 / 日
協力医療機関連携加算 （短期利用型除く）	+100 単位 / 月、+40 単位 / 月
医療連携体制加算（Ⅰ）イ、（Ⅰ）ロ、（Ⅰ）ハ、（Ⅱ）	+ 57 単位 / 日、+ 47 単位 / 日、 + 37 単位 / 日、+ 5 単位 / 日
退居時情報提供加算 （短期利用型除く）	+250 単位 / 回
退居時相談援助加算 （短期利用型除く）	+400 単位（利用者 1 人につき 1 回を限度）
認知症専門ケア加算（Ⅰ）、（Ⅱ）	+ 3 単位 / 日、+ 4 単位 / 日
認知症チームケア推進加算 （Ⅰ）、（Ⅱ）	+150 単位 / 月、+120 単位 / 月
若年性認知症利用者受入加算	+ 120 単位 / 日
生活機能向上連携加算 （Ⅰ）、（Ⅱ）	+ 100 単位 / 月、+ 200 単位 / 月
栄養管理体制加算	+ 30 単位 / 月
口腔衛生管理体制加算	+ 30 単位 / 月
口腔・栄養スクリーニング加算	+ 20 単位 / 回（6 月に 1 回を限度）
科学的介護推進体制加算	+ 40 単位 / 月
サービス提供体制強化加算 （Ⅰ）、（Ⅱ）、（Ⅲ）	+ 22 単位 / 日、+ 18 単位 / 日、 + 6 単位 / 日

03 認知症対応型共同生活介護における医療連携体制加算の見直し

概要

○医療連携体制加算について、体制要件と医療的ケアが必要な者の受入要件を分けて評価を行い、医療的ケアが必要な者の受入要件については、対象となる医療的ケアを追加する見直しを行う。

単位数・算定要件等

体制評価	**医療連携体制加算（Ⅰ）**		イ	ロ	ハ
	単位数		**57単位/日**	**47単位/日**	**37単位/日**
	算定要件	看護体制要件	・事業所の職員として看護師を常勤換算で1名以上配置していること。	・事業所の職員として看護職員を常勤換算で1名以上配置していること。	・事業所の職員として、又は病院、診療所若しくは訪問看護ステーションとの連携により、看護師を1名以上確保していること。
		指針※の整備要件	・重度化した場合の対応に係る指針を定め、入居の際に、利用者又はその家族等に対して、当該指針の内容を説明し、同意を得ていること。		

受入評価	**医療連携体制加算（Ⅱ）**		**医療連携体制加算（Ⅰ）のいずれかを算定していることが要件**
	単位数		**5単位/日**
	算定要件	医療的ケアが必要な者の受入要件	算定日が属する月の前**3**月間において、次のいずれかに該当する状態の入居者が1人以上であること。 （1）喀痰吸引を実施している状態 （2）経鼻胃管や胃瘻等の経腸栄養が行われている状態 （3）呼吸障害等により人工呼吸器を使用している状態 （4）中心静脈注射を実施している状態 （5）人工腎臓を実施している状態 （6）重篤な心機能障害、呼吸障害等により常時モニター測定を実施している状態 （7）人工膀胱又は人工肛門の処置を実施している状態 （8）褥瘡に対する治療を実施している状態 （9）気管切開が行われている状態 **（10）留置カテーテルを使用している状態** **（11）インスリン注射を実施している状態**

ポイント

「指針」に盛り込むべき項目としては、例えば①急性期における医師や医療機関との連携体制、②入院期間中におけるグループホームにおける居住費や食費の取り扱い、③看取りに対する考え方、本人及び家族との話し合いや意思確認の方法等の看取りに関する指針など。

04 協力医療機関との連携体制の構築★

» 介護老人福祉施設・地域密着型介護老人福祉施設入所者生活介護 06

05 協力医療機関との定期的な会議の実施

» 介護老人福祉施設・地域密着型介護老人福祉施設入所者生活介護 07

06 入院時等の医療機関への情報提供★

» 介護老人福祉施設・地域密着型介護老人福祉施設入所者生活介護 08

07 高齢者施設等における感染症対応力の向上★

» 介護老人福祉施設・地域密着型介護老人福祉施設入所者生活介護 10

08 施設内療養を行う高齢者施設等への対応★

» 介護老人福祉施設・地域密着型介護老人福祉施設入所者生活介護 11

09 新興感染症発生時等の対応を行う医療機関との連携★

» 介護老人福祉施設・地域密着型介護老人福祉施設入所者生活介護 12

10 業務継続計画未策定事業所に対する減算の導入★

複 複数サービス共通 の①を参照

11 高齢者虐待防止の推進★

複 複数サービス共通 の②を参照

12 認知症対応型共同生活介護、介護保険施設における平時からの認知症の行動・心理症状の予防、早期対応の推進★

介護老人福祉施設・地域密着型介護老人福祉施設入所者生活介護 15

13 科学的介護推進体制加算の見直し★

通所介護・地域密着型通所介護 10 を参照

14 介護職員の処遇改善★

複 複数サービス共通 の④を参照

15 テレワークの取扱い★

複 複数サービス共通 の⑤を参照

16 利用者の安全並びに介護サービスの質の確保及び職員の負担軽減に資する方策を検討するための委員会の設置の義務付け★

》 介護老人福祉施設・地域密着型介護老人福祉施設入所者生活介護 29

17 介護ロボットや ICT 等のテクノロジーの活用促進★

》 介護老人福祉施設・地域密着型介護老人福祉施設入所者生活介護 30

18 認知症対応型共同生活介護における夜間支援体制加算の見直し★

単位数

夜間支援体制加算（Ⅰ）	50 単位 / 日（共同生活住居の数が 1 の場合）	➡ 変更なし
夜間支援体制加算（Ⅱ）	25 単位 / 日（共同生活住居の数が 2 以上の場合）	

算定要件等

○認知症対応型共同生活介護における夜間支援体制加算の人員配置要件について、現行の算定要件に加え、要件を満たし、夜勤を行う介護従業者が最低基準を 0.9 人以上上回っている場合にも算定を可能とする。

	夜勤職員の最低基準（1ユニット1人）への加配人数	見守り機器の利用者に対する導入割合	その他の要件
現行要件	事業所ごとに常勤換算方法で 1 人以上の夜勤職員又は宿直職員を加配すること。		
新設要件	事業所ごとに常勤換算方法で **0.9 人以上の夜勤職員**を加配すること。	**10%**	**利用者の安全並びに介護サービスの質の確保及び職員の負担軽減に資する方策を検討するための委員会を設置し、必要な検討等が行われていること。**

※全ての開所日において夜間及び深夜の時間帯の体制が人員配置基準を上回っていること。
※宿直職員は事業所内での宿直が必要。
※併設事業所と同時並行的に宿直勤務を行う場合には算定対象外（それぞれに宿直職員が必要）。

19 人員配置基準における両立支援への配慮★

全サービス共通 の①を参照

20 外国人介護人材に係る人員配置基準上の取扱いの見直し★

複数サービス共通 の⑥を参照

21 管理者の責務及び兼務範囲の明確化★

全サービス共通 の②を参照

22 いわゆるローカルルールについて★

全サービス共通 の③を参照

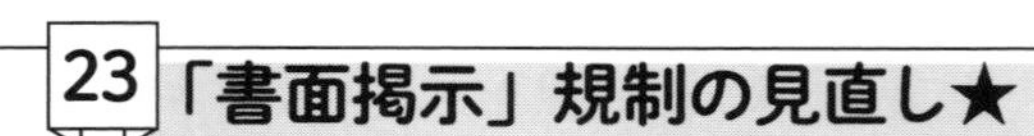

23 「書面掲示」規制の見直し★

全サービス共通 の④を参照

定期巡回・随時対応型訪問介護看護

マイナス改定。
夜間対応型訪問介護との統合見越した新区分も。

01 基本報酬

単位数

以下の単位数は１月あたり（夜間訪問型の定期巡回サービス費及び随時訪問サービス費を除く）

○一体型事業所

（訪問看護なし）

要介護度	改定前		改定後
要介護１	5,697単位	➡	**5,446**単位
要介護２	10,168単位	➡	**9,720**単位
要介護３	16,883単位	➡	**16,140**単位
要介護４	21,357単位	➡	**20,417**単位
要介護５	25,829単位	➡	**24,692**単位

（訪問看護あり）

要介護度	改定前		改定後
要介護１	8,312単位	➡	**7,946**単位
要介護２	12,985単位	➡	**12,413**単位
要介護３	19,821単位	➡	**18,948**単位
要介護４	24,434単位	➡	**23,358**単位
要介護５	29,601単位	➡	**28,298**単位

○連携型事業所

（訪問看護なし）

要介護度	改定前		改定後
要介護１	5,697単位	➡	**5,446**単位
要介護２	10,168単位	➡	**9,720**単位
要介護３	16,883単位	➡	**16,140**単位
要介護４	21,357単位	➡	**20,417**単位
要介護５	25,829単位	➡	**24,692**単位

夜間訪問型

基本夜間訪問型サービス費	➡	**989**単位／月
定期巡回サービス費	➡	**372**単位／回
随時訪問サービス費（Ⅰ）	➡	**567**単位／回
随時訪問サービス費（Ⅱ）	➡	**764**単位／回

※定期巡回・随時対応型訪問介護看護については、処遇改善加算について、今回の改定で高い加算率としており、賃金体系等の整備、一定の月額賃金配分等により、まずは14.5%から、経験技能のある職員等の配置による最大24.5%まで、取得できるように設定している。

02 総合マネジメント体制強化加算の見直し

小規模多機能型居宅介護 02 を参照

03 訪問看護等におけるターミナルケア加算の見直し

訪問看護 04 を参照

04 業務継続計画未策定事業所に対する減算の導入

複 **複数サービス共通** の①を参照

05 高齢者虐待防止の推進

複 **複数サービス共通** の②を参照

06 身体的拘束等の適正化の推進

複 **複数サービス共通** の③を参照

07 訪問系サービスにおける認知症専門ケア加算の見直し

訪問介護 07 を参照

08 訪問系サービス及び短期入所系サービスにおける口腔管理に係る連携の強化

訪問介護 08 を参照

09 介護職員の処遇改善

複数サービス共通 の④を参照

10 テレワークの取扱い

複数サービス共通 の⑤を参照

11 人員配置基準における両立支援への配慮

全サービス共通 の①を参照

12 管理者の責務及び兼務範囲の明確化

全サービス共通 の②を参照

13 いわゆるローカルルールについて

全サービス共通 の③を参照

14 訪問看護等における24時間対応体制の充実

訪問看護 14 を参照

15 退院時共同指導の指導内容の提供方法の柔軟化

訪問看護 16 を参照

16 随時対応サービスの集約化できる範囲の見直し

算定要件等

○一体的実施ができる範囲について、都道府県を越えて連携を行っている場合の運用については、その範囲が明確になっていないため、適切な訪問体制が確実に確保されており、利用者へのサービス提供に支障がないことを前提に、事業所所在地の都道府県を越えて事業所間連携が可能であることを明確化する。

17 基本報酬の見直し

概要

○基本報酬に、夜間対応型訪問介護の利用者負担に配慮した新たな区分を設ける。

単位数・算定要件等

〈改定後〉

一体型事業所（※）

	介護・看護利用者	介護利用者	新→ 夜間にのみサービスを必要とする利用者
要介護1	7,946単位	5,446単位	【定額】 ・基本夜間訪問サービス費：989単位／月 【出来高】 ・定期巡回サービス費：372単位／回 ・随時訪問サービス費（Ⅰ）：567単位／回 ・随時訪問サービス費（Ⅱ）：764単位／回（2人の訪問介護員等により訪問する場合） 注：要介護度によらない
要介護2	12,413単位	9,720単位	
要介護3	18,948単位	16,140単位	
要介護4	23,358単位	20,417単位	
要介護5	28,298単位	24,692単位	

（※）連携型事業所も同様

18 「書面掲示」規制の見直し

全サービス共通 の④を参照

19 特別地域加算、中山間地域等の小規模事業所加算及び中山間地域に居住する者へのサービス提供加算の対象地域の明確化

複数サービス共通 の⑦を参照

20 特別地域加算の対象地域の見直し

複数サービス共通 の⑧を参照

夜間対応型訪問介護

マイナス改定。
サービス独自の変更点なし。

01 基本報酬

単位数

夜間対応型訪問介護（Ⅰ）【定額】＋【出来高】

【定額】

基本夜間対応型訪問介護費 （オペレーションサービス部分）	1,025 単位／月	➡	**989** 単位／月

【出来高】

定期巡回サービス費 （訪問サービス部分）	386 単位／回	➡	**372** 単位／回
随時訪問サービス費（Ⅰ） （訪問サービス部分）	588 単位／回	➡	**567** 単位／回
随時訪問サービス費（Ⅱ） （訪問サービス部分）	792 単位／回	➡	**764** 単位／回

夜間対応型訪問介護（Ⅱ）【包括報酬】	2,800 単位／回	➡	**2,702** 単位／回

※夜間対応型訪問介護については、処遇改善加算について、今回の改定で高い加算率としており、賃金体系等の整備、一定の月額賃金配分等により、まずは 14.5% から、経験技能のある職員等の配置による最大 24.5%まで、取得できるように設定している。

02 業務継続計画未策定事業所に対する減算の導入

複
複数サービス共通 の①を参照

03 高齢者虐待防止の推進

複
複数サービス共通 の②を参照

04 身体的拘束等の適正化の推進

複
複数サービス共通 の③を参照

05 訪問系サービスにおける認知症専門ケア加算の見直し

訪問介護 07 を参照

06 介護職員の処遇改善

複
複数サービス共通 の④を参照

07 テレワークの取扱い

複
複数サービス共通 の⑤を参照

08 人員配置基準における両立支援への配慮

全 全サービス共通 の①を参照

09 管理者の責務及び兼務範囲の明確化

全 全サービス共通 の②を参照

10 いわゆるローカルルールについて

全 全サービス共通 の③を参照

11 「書面掲示」規制の見直し

全 全サービス共通 の④を参照

12 特別地域加算、中山間地域等の小規模事業所加算及び中山間地域に居住する者へのサービス提供加算の対象地域の明確化

複 複数サービス共通 の⑦を参照

13 特別地域加算の対象地域の見直し

複 複数サービス共通 の⑧を参照

特定施設入居者生活介護・地域密着型特定施設入居者生活介護

介護保険施設同様の医療機関との連携、人員緩和など。

01 基本報酬

単位数

※以下の単位数はすべて１日あたり

○特定施設入居者生活介護

要支援１	182 単位	➡	**183** 単位
要支援２	311 単位	➡	**313** 単位
要介護１	538 単位	➡	**542** 単位
要介護２	604 単位	➡	**609** 単位
要介護３	674 単位	➡	**679** 単位
要介護４	738 単位	➡	**744** 単位
要介護５	807 単位	➡	**813** 単位

○地域密着型特定施設入居者生活介護

要介護１	542 単位	➡	**546** 単位
要介護２	609 単位	➡	**614** 単位
要介護３	679 単位	➡	**685** 単位
要介護４	744 単位	➡	**750** 単位
要介護５	813 単位	➡	**820** 単位

02 特定施設入居者生活介護等における夜間看護体制の強化

概要

○「夜勤又は宿直の看護職員の配置」を行う場合について評価する新たな区分を設ける。その際、現行の加算区分については、新たな加算区分の取組を促進する観点から、評価の見直しを行う。

単位数

夜間看護体制加算 10単位／日	 新	**夜間看護体制加算（Ⅰ）** 18単位／日
	➡	夜間看護体制加算（Ⅱ） **9**単位／日

算定要件等

〈夜間看護体制加算（Ⅰ）〉

(1) 常勤の看護師を1名以上配置し、看護に係る責任者を定めていること。
(2) 夜勤又は宿直を行う看護職員の数が1名以上であって、かつ、必要に応じて健康上の管理等を行う体制を確保していること。
(3) 重度化した場合における対応に係る指針を定め、入居の際に、利用者又はその家族等に対して、当該指針の内容を説明し、同意を得ていること。

〈夜間看護体制加算（Ⅱ）〉※現行の夜間看護体制加算の算定要件と同様

(1) 夜間看護体制加算（Ⅰ）の(1)及び(3)に該当すること。
(2) 看護職員により、又は病院若しくは診療所若しくは指定訪問看護ステーションとの連携により、利用者に対して、24時間連絡できる体制を確保し、かつ、必要に応じて健康上の管理等を行う体制を確保していること。

夜勤・宿直の看護職員が配置されているほうが医療的ケアの必要な入居者を多く受け入れている実績から新たに評価区分を設けた。

03 特定施設入居者生活介護等における医療的ケアの推進に向けた入居継続支援加算の見直し

概要

○医療的ケアを必要とする者の範囲に尿道カテーテル留置、在宅酸素療法及びインスリン注射を実施している状態の者を追加する。

単位数

入居継続支援加算（Ⅰ）	36単位／日	➡	変更なし
入居継続支援加算（Ⅱ）	22単位／日	➡	変更なし

算定要件等

〈入居継続支援加算（Ⅰ）〉

（1）又は（2）のいずれかに適合し､かつ､（3）及び（4）のいずれにも適合すること。

（1）社会福祉士及び介護福祉士法施行規則第1条各号に掲げる行為[※1]を必要とする者の占める割合が入居者の100分の15以上であること。

（2）社会福祉士及び介護福祉士法施行規則第1条各号に掲げる行為[※1]を必要とする者及び次のいずれかに該当する状態[※2]の者の占める割合が入居者の100分の15以上であり、かつ、常勤の看護師を1名以上配置し、看護に係る責任者を定めていること。

※1　①口腔内の喀痰吸引、②鼻腔内の喀痰吸引、③気管カニューレ内部の喀痰吸引、④胃ろう又は腸ろうによる経管栄養、⑤経鼻経管栄養

※2　①尿道カテーテル留置を実施している状態、②在宅酸素療法を実施している状態、③インスリン注射を実施している状態

（3）介護福祉士の数が、常勤換算方法で、入居者の数が6又はその端数を増すごとに1以上[※3]であること。

※3　テクノロジーを活用した複数の機器（見守り機器、インカム、記録ソフト等のICT、移乗支援機器等）を活用し、利用者に対するケアのアセスメント・評価や人員体制の見直しを行い、かつ安全体制及びケアの質の確保並びに職員の負担軽減に関する事項を実施し、機器を安全かつ有効に活用するための委員会を設置し必要な検討等を行う場合は、当該加算の介護福祉士の配置要件を「7又はその端数を増すごとに1以上」とする。

（4）人員基準欠如に該当していないこと。

〈入居継続支援加算（Ⅱ）〉

入居継続支援加算（Ⅰ）の（1）又は（2）のいずれかに適合し[※4]、かつ、（3）及び（4）のいずれにも適合すること。

※4 ただし、⑴ 又は ⑵ に掲げる割合は、それぞれ100分の5以上100分の15未満であること。

04 協力医療機関との連携体制の構築★

≫ 介護老人福祉施設・地域密着型介護老人福祉施設入所者生活介護 06

05 協力医療機関との定期的な会議の実施★

≫ 介護老人福祉施設・地域密着型介護老人福祉施設入所者生活介護 07

06 入院時等の医療機関への情報提供★

≫ 介護老人福祉施設・地域密着型介護老人福祉施設入所者生活介護 08

07 高齢者施設等における感染症対応力の向上★

≫ 介護老人福祉施設・地域密着型介護老人福祉施設入所者生活介護 10

08 施設内療養を行う高齢者施設等への対応★

≫ 介護老人福祉施設・地域密着型介護老人福祉施設入所者生活介護 11

09 新興感染症発生時等の対応を行う医療機関との連携★

≫ 介護老人福祉施設・地域密着型介護老人福祉施設入所者生活介護 12

10 業務継続計画未策定事業所に対する減算の導入★

複 ≫ 複数サービス共通 の①を参照

11 高齢者虐待防止の推進★

複数サービス共通 の②を参照

12 特定施設入居者生活介護における口腔衛生管理の強化★

概要

○口腔衛生管理体制加算を廃止し、同加算の算定要件の取組を一定緩和した上で、基本サービスとして行うこととする。

単位数

口腔衛生管理体制加算	30 単位 / 月	➡	

基　準

〈運営基準（省令）〉（※３年間の経過措置期間を設ける）

「利用者の口腔の健康の保持を図り、自立した日常生活を営むことができるよう、口腔衛生の管理体制を整備し、各利用者の状態に応じた口腔衛生の管理を計画的に行わなければならない。」ことを規定。

半数近い事業所が当該加算を算定していたことから、基本サービスに組み込むもの。運営基準に規定されるため、不履行の場合は指導対象にする。

13 科学的介護推進体制加算の見直し★

通所介護・地域密着型通所介護 10 を参照

14 アウトカム評価の充実のための ADL 維持等加算の見直し

介護老人福祉施設・地域密着型介護老人福祉施設入所者生活介護 24

15 介護職員の処遇改善★

複

複数サービス共通 の④を参照

16 テレワークの取扱い★

複

複数サービス共通 の⑤を参照

17 利用者の安全並びに介護サービスの質の確保及び職員の負担軽減に資する方策を検討するための委員会の設置の義務付け★

介護老人福祉施設・地域密着型介護老人福祉施設入所者生活介護 29

18 介護ロボットや ICT 等のテクノロジーの活用促進★

介護老人福祉施設・地域密着型介護老人福祉施設入所者生活介護 30

19 生産性向上に先進的に取り組む特定施設における人員配置基準の特例的な柔軟化★

【特定施設入居者生活介護★、地域密着型特定施設入居者生活介護】

概要

○生産性向上に先進的に取り組む特定施設について、介護サービスの質の確保及び職員の負担軽減が行われていることを確認した上で、人員配置基準を特例的に柔軟化する。

基　準

○看護職員及び介護職員の合計数について、要件を満たす場合は、「常勤換算方法で、要介護者である利用者の数が３（要支援者の場合は10）又はその端数を増すごとに0.9以上であること」とする。

〈改定後**（特例的な基準の新設）**〉

利用者	介護職員 （＋看護職員）
3 （要支援の場合は10）	**0.9**

〈要　件〉

・利用者の安全並びに介護サービスの質の確保及び職員の負担軽減に資する方策を検討するための委員会において必要な安全対策について検討等していること
・見守り機器等のテクノロジーを複数活用していること
・職員間の適切な役割分担の取組等をしていること
・上記取組により介護サービスの質の確保及び職員の負担軽減が行われていることがデータにより確認されること

※安全対策の具体的要件
①職員に対する十分な休憩時間の確保等の勤務・雇用条件への配慮
②緊急時の体制整備（近隣在住職員を中心とした緊急参集要員の確保等）
③機器の不具合の定期チェックの実施（メーカーとの連携を含む）
④職員に対する必要な教育の実施
⑤訪室が必要な利用者に対する訪室の個別実施

※人員配置基準の特例的な柔軟化の申請に当たっては、テクノロジーの活用や職員間の適切な役割分担の取組等の開始後、これらを少なくとも３か月以上試行し（試行期間中においては通常の人員配置基準を遵守すること）、現場職員の意見が適切に反映できるよう、実際にケア等を行う多職種の職員が参画する委員会において安全対策や介護サービスの質の確保、職員の負担軽減が行われていることをデータ等で確認するとともに、当該データを指定権者に提出すること。

20 人員配置基準における両立支援への配慮★

全 全サービス共通 の①を参照

21 外国人介護人材に係る人員配置基準上の取扱いの見直し★

複 複数サービス共通 の⑥を参照

22 管理者の責務及び兼務範囲の明確化★

全サービス共通 の②を参照

23 いわゆるローカルルールについて★

全サービス共通 の③を参照

24 「書面掲示」規制の見直し★

全サービス共通 の④を参照

介護老人福祉施設、地域密着型介護老人福祉施設入所者生活介護

医療機関との連携など多数。
LIFE 系加算は老健に軍配。

01 基本報酬

単位数

※以下の単位数はすべて 1 日あたり

○介護福祉施設サービス費（従来型個室）

要介護 1	573 単位	➡	**589** 単位
要介護 2	641 単位	➡	**659** 単位
要介護 3	712 単位	➡	**732** 単位
要介護 4	780 単位	➡	**802** 単位
要介護 5	847 単位	➡	**871** 単位

○ユニット型介護福祉施設サービス費（ユニット型個室）

要介護 1	652 単位	➡	**670** 単位
要介護 2	720 単位	➡	**740** 単位
要介護 3	793 単位	➡	**815** 単位
要介護 4	862 単位	➡	**886** 単位
要介護 5	929 単位	➡	**955** 単位

○地域密着型介護老人福祉施設入所者生活介護費（従来型個室）

要介護 1	582 単位	➡	**600** 単位
要介護 2	651 単位	➡	**671** 単位
要介護 3	722 単位	➡	**745** 単位
要介護 4	792 単位	➡	**817** 単位
要介護 5	860 単位	➡	**887** 単位

○ユニット型地域密着型介護老人福祉施設入所者生活介護費（ユニット型個室）

要介護 1	661 単位	➡	**682** 単位
要介護 2	730 単位	➡	**753** 単位
要介護 3	803 単位	➡	**828** 単位
要介護 4	874 単位	➡	**901** 単位
要介護 5	942 単位	➡	**971** 単位

02 主な加算

日常生活継続支援加算	ユニット：＋ 46 単位 / 日 従来型：＋ 36 単位 / 日（従来型個室・多床室）
看護体制加算（Ⅰ）、（Ⅱ）	6 単位 / 日・4 単位 / 日、 13 単位 / 日・8 単位 / 日
生活機能向上連携加算（Ⅰ）、（Ⅱ）	＋ 100 単位 / 月（3 月に 1 回を限度）、 ＋ 200 単位 / 月（個別機能訓練加算を算定している場合＋ 100 単位 / 月）
個別機能訓練加算（Ⅰ）、（Ⅱ）、（Ⅲ）	＋ 12 単位 / 日、＋ 20 単位 / 月、 ＋ 20 単位 / 月
ADL 維持等加算（Ⅰ）、（Ⅱ）	＋ 30 単位 / 月、＋ 60 単位 / 月
若年性認知症入所者受入加算	＋ 120 単位 / 日
精神科を担当する医師に係る加算	＋ 5 単位 / 日
初期加算	＋ 30 単位 / 日
退所時栄養情報連携加算	+70 単位 / 回（一月に一回限度）
再入所時栄養連携加算	+200 単位 / 回（1 人につき 1 回を限度）
協力医療機関連携加算	＋ 50 単位 / 月、＋ 5 単位 / 月
栄養マネジメント強化加算	＋ 11 単位 / 日
経口移行加算	＋ 28 単位 / 日

経口維持加算（Ⅰ）、（Ⅱ）	＋ 400 単位 / 月、＋ 100 単位 / 月
口腔衛生管理加算（Ⅰ）、（Ⅱ）	＋ 90 単位／月、＋ 110 単位／月
療養食加算	＋ 6 単位 / 回（1 日 3 回まで）
特別通院送迎加算	＋ 594 単位 / 月
看取り介護加算 （Ⅰ）、（Ⅱ）	＋ 72 単位 / 日、＋ 144 単位 / 日、 ＋ 680・＋ 780 単位 / 日、 ＋ 1280・＋ 1580 単位 / 日
認知症専門ケア加算（Ⅰ）、（Ⅱ）	＋ 3 単位 / 日、＋ 4 単位 / 日
認知症チームケア推進加算 （Ⅰ）、（Ⅱ）	＋ 150 単位／月、＋ 120 単位／月
褥瘡マネジメント加算（Ⅰ）、（Ⅱ）	＋ 3 単位 / 月、＋ 13 単位 / 月
排せつ支援加算（Ⅰ）、（Ⅱ）、（Ⅲ）	＋ 10 単位 / 月、＋ 15 単位 / 月、 ＋ 20 単位 / 月
自立支援推進加算	＋ 280 単位／月
科学的介護推進体制加算 （Ⅰ）、（Ⅱ）	＋ 40 単位／月、＋ 50 単位／月
安全対策体制加算	入所者 1 人につき 1 回を限度として＋ 20 単位
サービス提供体制強化加算（Ⅰ）、 （Ⅱ）、（Ⅲ）	＋ 22 単位 / 日、＋ 18 単位 / 日、＋ 6 単位 / 日

03 配置医師緊急時対応加算の見直し

【介護老人福祉施設、地域密着型介護老人福祉施設入所者生活介護】

概要

○現行、早朝・夜間及び深夜にのみ算定可能な配置医師緊急時対応加算について、日中であっても、配置医師が通常の勤務時間外に駆けつけ対応を行った場合を評価する新たな区分を設ける。

単位数

配置医師緊急時対応加算			配置医師の通常の勤務時間外の場合（早朝・夜間及び深夜を除く）	325 単位 / 回
早朝・夜間の場合	650 単位 / 回		早朝・夜間の場合	650 単位 / 回
深夜の場合	1,300 単位 / 回		深夜の場合	1,300 単位 / 回

算定要件等

○次の基準に適合しているものとして届出を行った指定介護老人福祉施設において、配置医師が施設の求めに応じ、早朝（午前6時から午前8時まで）、夜間（午後6時から午後10時まで）、深夜（午後10時から午前6時まで）又は配置医師の通常の勤務時間外（早朝、夜間及び深夜を除く。）に施設を訪問して入所者に対し診療を行い、かつ、診療を行った理由を記録した場合に所定単位数を算定する。ただし、看護体制加算（Ⅱ）を算定していない場合は、算定しない。

- 入所者に対する注意事項や病状等についての情報共有、曜日や時間帯ごとの医師との連絡方法、診療を依頼する場合の具体的状況等について、配置医師と施設の間で、具体的な取決めがなされていること。
- 複数名の配置医師を置いていること又は配置医師と協力医療機関の医師が連携し、施設の求めに応じ24時間対応できる体制を確保していること。

ポイント

早朝・夜間・深夜における実績はほとんどないものの、平日･日中に配置医師によるオンコール対応を行っている施設が約6割も存在することから新設。

04 介護老人福祉施設等における給付調整のわかりやすい周知

【介護老人福祉施設、地域密着型介護老人福祉施設入所者生活介護】

概要

○診療報酬との給付調整について、わかりやすい方法で周知を行う。

○介護老人福祉施設（特別養護老人ホーム）は、基準上、入所者に対し、健康管理及び療養上の指導を行うために必要な数の医師を配置することとされており、この配置医師が行う健康管理及び療養上の指導は介護報酬で評価されるため、初診・再診料等については、診療報酬の算定はできない。

○一方で、配置医師以外の医師（外部医師）については、（1）緊急の場合、（2）配置医師の専門外の傷病の場合に、「初・再診料」、「往診料」等を算定できる。また、（3）末期の悪性腫瘍の場合、（4）在宅療養支援診療所等の医師による看取りの場合に限っては、「在宅患者訪問診療料」等も算定できる。

○こうした入所者に対する医療行為の報酬上の評価の取扱いについては、「特別養護老人ホーム等における療養の給付の取扱いについて」（平成18年3月31日保医発0331002号厚生労働省保険局医療課長通知。令和4年3月25日一部改正）で規定している。

医療保険・介護保険の役割のイメージ

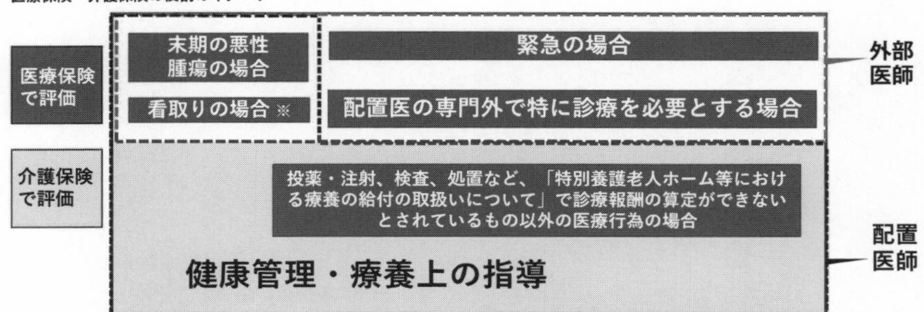

※在宅療養支援診療所等の医師による看取りの場合に限る。

05 介護老人福祉施設等における透析が必要な者に対する送迎の評価

単位数

新	特別通院送迎加算	**594** 単位／月

算定要件等

透析を要する入所者であって、その家族や病院等による送迎が困難である等やむを得ない事情があるものに対して、１月に 12 回以上、通院のため送迎を行った場合

ポイント

７割以上の施設が「入所を断る」としている透析対応の解消策となるか。

06 協力医療機関との連携体制の構築

【介護老人福祉施設、地域密着型介護老人福祉施設入所者生活介護、介護老人保健施設、介護医療院】

概要

○介護保険施設について、以下の見直しを行う。

ア　以下の要件を満たす協力医療機関（③については病院に限る。）を定めることを義務付ける（複数の医療機関を定めることにより要件を満たすこととしても差し支えないこととする。）。その際、義務付けにかかる期限を３年とし、併せて連携体制に係る実態把握を行うとともに必要な対応について検討する。

①　入所者の病状が急変した場合等において、医師又は看護職員が相談対応を行う体制を常時確保していること。

②　診療の求めがあった場合において、診療を行う体制を常時確保していること。

③　入所者の病状の急変が生じた場合等において、当該施設の医師又は協力医療機関その他の医療機関の医師が診療を行い、入院を要すると認められた入所者の入院を原則として受け入れる体制を確保していること。

イ　１年に１回以上、協力医療機関との間で、入所者の病状の急変が生じた場合等の対応を確認するとともに、当該協力医療機関の名称等について、当該事業所の指定を行った自治体に提出しなければならないこととする。

ウ　入所者が協力医療機関等に入院した後に、病状が軽快し、退院が可能となった場合においては、速やかに再入所させることができるように努めることとする。

【特定施設入居者生活介護★、地域密着型特定施設入居者生活介護、認知症対応型共同生活介護★】

概要

○（地域密着型）特定施設入居者生活介護、認知症対応型共同生活介護について、以下の見直しを行う。

ア　協力医療機関を定めるに当たっては、以下の要件を満たす協力医療機関を定めるように努めることとする。

①　利用者の病状の急変が生じた場合等において、医師又は看護職員が相談対応を行う体制を常時確保していること。

②　診療の求めがあった場合に、診療を行う体制を常時確保していること。

イ　１年に１回以上、協力医療機関との間で、利用者の病状の急変が生じた場合等の対応を確認するとともに、当該協力医療機関の名称等について、当該事業所の指定を行った自治体に提出しなければならないこととする。

ウ　利用者が協力医療機関等に入院した後に、病状が軽快し、退院が可能となった場合においては、速やかに再入居させることができるように努めることとする。

07 協力医療機関との定期的な会議の実施

【特定施設入居者生活介護★、地域密着型特定施設入居者生活介護、認知症対応型共同生活介護、介護老人福祉施設、地域密着型介護老人福祉施設入所者生活介護、介護老人保健施設、介護医療院】

概要

○介護老人福祉施設、介護老人保健施設、介護医療院、認知症対応型共同生活介護について、協力医療機関との実効性のある連携体制を構築するため、入所者または入居者（以下「入所者等」という。）の現病歴等の情報共有を行う会議を定期的に開催することを評価する新たな加算を創設する。

○また、特定施設における医療機関連携加算について、定期的な会議において入居者の現病歴等の情報共有を行うよう見直しを行う。

単位数

○介護老人福祉施設、地域密着型介護老人福祉施設、介護老人保健施設、介護医療院

協力医療機関連携加算
協力医療機関が

（1）後述の①～③の要件を満たす場合 100単位／月（令和６年度）
50単位／月（令和７年度～）

（2）それ以外の場合 5単位／月

○特定施設入居者生活介護★、地域密着型特定施設入居者生活介護

医療機関連携加算
80単位／月

協力医療機関連携加算
協力医療機関が
（1）後述の①、②の要件を満たす場合 100単位／月

（2）それ以外の場合 40単位／月

○認知症対応型共同生活介護

なし		**協力医療機関連携加算** **協力医療機関が** **（1）①、②の要件を満たす場合** 100単位／月
		**（2）それ以外の場合** 40単位／月

〈協力医療機関の要件〉

①入所者等の病状が急変した場合等において、医師又は看護職員が相談対応を行う体制を常時確保していること。

②高齢者施設等からの診療の求めがあった場合において、診療を行う体制を常時確保していること。

③入所者等の病状が急変した場合等において、入院を要すると認められた入所者等の入院を原則として受け入れる体制を確保していること。

算定要件等

○協力医療機関との間で、入所者等の同意を得て、当該入所者等の病歴等の情報を共有する会議を定期的に開催していること。

ポイント

コロナ禍を通じ、多くの施設類型で協力医療機関の指定を明記しているにもかかわらず、なかなか機能していない状況が明るみになり、平時からの実効性のある連携のあり方、連携体制の制度化を確立するため、様々なテコ入れ策が創設。

08 入院時等の医療機関への情報提供

【特定施設入居者生活介護★、地域密着型特定施設入居者生活介護、認知症対応型共同生活介護★、介護老人福祉施設、地域密着型介護老人福祉施設入所者生活介護、介護老人保健施設、介護医療院】

概要

○介護老人保健施設及び介護医療院について、入所者の入院時に、施設等が把握している生活状況等の情報提供を更に促進する観点から、退所時情報提供加算について、入所者が医療機関へ退所した際、生活支援上の留意点や認知機能等にかかる情報を提供した場合について、新たに評価する区分を設ける。また、入所者が居宅に退所した際に、退所後の主治医に診療情報を情報提供することを評価する現行相当の加算区分についても、医療機関への退所の場合と同様に、生活支援上の留意点等の情報提供を行うことを算定要件に加える。

○また、介護老人福祉施設、特定施設入居者生活介護、認知症対応型共同生活介護について、入所者または入居者（以下「入所者等」という。）が医療機関へ退所した際、生活支援上の留意点等の情報提供を行うことを評価する新たな加算を創設する。

単位数

○介護老人保健施設、介護医療院

現行		改定後	
退所時情報提供加算 500単位／回		退所時情報提供加算<u>（Ⅰ）</u> （入所者が居宅へ退所した場合）	500単位／回
		**退所時情報提供加算（Ⅱ）** （入所者等が医療機関へ退所した場合）	250単位／回

○特定施設入居者生活介護★、地域密着型特定施設入居者生活介護、認知症対応型共同生活介護★、介護老人福祉施設、地域密着型介護老人福祉施設入所者生活介護

現行		改定後	
なし		**退所時情報提供加算** （入所者が居宅へ退所した場合）	250単位／回（介護老人福祉施設）
		**退居時情報提供加算** （入所者等が医療機関へ退所した場合）	250単位／回（特定施設、認知症対応型共同生活介護）

算定要件等

【介護老人保健施設、介護医療院】〈退所時情報提供加算**(Ⅰ)**〉

入所者が居宅へ退所した場合

○居宅へ退所する入所者について、退所後の主治の医師に対して入所者を紹介する場合、入所者の同意を得て、当該入所者の診療情報**心身の状況、生活歴等**を示す情報を提供した場合に、入所者１人につき１回に限り算定する。

【介護老人保健施設、介護医療院】〈退所時情報提供加算（Ⅱ)〉

入所者等が医療機関へ退所した場合（新設）

【特定施設入居者生活介護★、地域密着型特定施設入居者生活介護、認知症対応型共同生活介護★ 、介護老人福祉施設、地域密着型介護老人福祉施設入所者生活介護】〈退所時情報提供加算、退居時情報提供加算〉

○医療機関へ退所する入所者等について、退所後の医療機関に対して入所者等を紹介する際、入所者等の同意を得て、当該入所者等の心身の状況、生活歴等を示す情報を提供した場合に、入所者等１人につき１回に限り算定する。

09 介護老人福祉施設等における緊急時等の対応方法の定期的な見直し

【介護老人福祉施設、地域密着型介護老人福祉施設入所者生活介護】

概要

○介護老人福祉施設等があらかじめ定める緊急時等における対応方法について、配置医師及び協力医療機関の協力を得て定める。また、1年に1回以上、配置医師及び協力医療機関の協力を得て見直しを行い、必要に応じて緊急時等における対応方法の変更を行わなければならないこととする。

基　準

指定介護老人福祉施設は、入所者の病状の急変が生じた場合その他必要な場合のため、あらかじめ、配置医師及び協力医療機関の協力を得て、配置医師及び協力医療機関との連携方法その他の緊急時等における対応方法を定めておかなければならない。

指定介護老人福祉施設は、配置医師及び協力医療機関の協力を得て、1年に1回以上、緊急時等における対応方法の見直しを行い、必要に応じて緊急時等における対応方法の変更を行わなければならない。

ポイント

協力医療機関と休日夜間等における対応等を直近で確認した時期について、約半数の施設が、その設立時であるとの調査も踏まえ、連携体制の構築に向けて定期的な確認を目指すもの。

10 高齢者施設等における感染症対応力の向上

【特定施設入居者生活介護★、地域密着型特定施設入居者生活介護、認知症対応型共同生活介護★、介護老人福祉施設、地域密着型介護老人福祉施設入所者生活介護、介護老人保健施設、介護医療院】

概要

○高齢者施設等については、施設内で感染者が発生した場合に、感染者の対応を行う医療機関との連携の上で施設内で感染者の療養を行うことや、他の入所者等への感染拡大を防止することが求められることから、新たな加算を設ける。

単位数

高齢者施設等感染対策向上加算（Ⅰ）　10単位／月

高齢者施設等感染対策向上加算（Ⅱ）　5単位／月

算定要件等

〈高齢者施設等感染対策向上加算（Ⅰ）〉

○感染症法第６条第 17 項に規定する第二種協定指定医療機関との間で、新興感染症の発生時等の対応を行う体制を確保していること。

○協力医療機関等との間で新興感染症以外の一般的な感染症の発生時等の対応を取り決めるとともに、感染症の発生時等に協力医療機関等と連携し適切に対応していること。

○診療報酬における感染対策向上加算又は外来感染対策向上加算に係る届出を行った医療機関又は地域の医師会が定期的に行う院内感染対策に関する研修又は訓練に１年に１回以上参加していること。

〈高齢者施設等感染対策向上加算（Ⅱ）〉

○診療報酬における感染対策向上加算に係る届出を行った医療機関から、３年に１回以上施設内で感染者が発生した場合の感染制御等に係る実地指導を受けていること。

11 施設内療養を行う高齢者施設等への対応

【特定施設入居者生活介護★、地域密着型特定施設入居者生活介護、認知症対応型共同生活介護★、介護老人福祉施設、地域密着型介護老人福祉施設入所者生活介護、介護老人保健施設、介護医療院】

概要

○必要な感染対策や医療機関との連携体制を確保した上で、感染した高齢者を施設内で療養を行うことを新たに評価する。

○対象の感染症については、今後のパンデミック発生時に必要に応じて指定する仕組みとする。

単位数

新	**新興感染症等施設療養費**	240 単位 / 日

算定要件等

○入所者等が別に厚生労働大臣が定める感染症※に感染した場合に相談対応、診療、入院調整等を行う医療機関を確保し、かつ、当該感染症に感染した入所者等に対し、適切な感染対策を行った上で、該当する介護サービスを行った場合に、1月に1回、連続する5日を限度として算定する。

※現時点において指定されている感染症はない。

12 新興感染症発生時等の対応を行う医療機関との連携

【特定施設入居者生活介護★、地域密着型特定施設入居者生活介護、認知症対応型共同生活介護★、介護老人福祉施設、地域密着型介護老人福祉施設入所者生活介護、介護老人保健施設、介護医療院】

概要

○施設系サービス及び居住系サービスについて、利用者及び入所者における新興感染症の発生時等に、感染者の診療等を迅速に対応できる体制を平時から構築しておくため、感染者の診療等を行う協定締結医療機関と連携し、新興感染症発生時における対応を取り決めるよう努めることとする。

○また、協力医療機関が協定締結医療機関である場合には、当該協力医療機関との間で、新興感染症の発生時等の対応について協議を行うことを義務づける。

13 業務継続計画未策定事業所に対する減算の導入

複 **複数サービス共通** の①を参照

14 高齢者虐待防止の推進

複 **複数サービス共通** の②を参照

15 認知症対応型共同生活介護、介護保険施設における平時からの認知症の行動・心理症状の予防、早期対応の推進

【認知症対応型共同生活介護★、介護老人福祉施設、地域密着型介護老人福祉施設入所者生活介護、介護老人保健施設、介護医療院】

概要

認知症の行動・心理症状（BPSD）の発現を未然に防ぐため、あるいは出現時に早期に対応するための平時からの取組を推進する観点から、新たな加算を設ける。

単位数

認知症チームケア推進加算（Ⅰ）　150単位／月

認知症チームケア推進加算（Ⅱ）　120単位／月

※認知症専門ケア加算（Ⅰ）又は（Ⅱ）を算定している場合においては、算定不可。

算定要件等

〈認知症チームケア推進加算（Ⅰ）〉

(1) 事業所又は施設における利用者又は入所者の総数のうち、周囲の者による日常生活に対する注意を必要とする認知症の者の占める割合が２分の１以上であること。

(2) 認知症の行動・心理症状の予防及び出現時の早期対応（以下「予防等」という。）に資する認知症介護の指導に係る専門的な研修を修了している者又は認知症介護に係る専門的な研修及び認知症の行動・心理症状の予防等に資するケアプログラムを含んだ研修を修了した者を１名以上配置し、かつ、複数人の介護職員から成る認知症の行動・心理症状に対応するチームを組んでいること。

(3) 対象者に対し、個別に認知症の行動・心理症状の評価を計画的に行い、その評価に基づく値を測定し、認知症の行動・心理症状の予防等に資するチームケアを実施していること。

(4) 認知症の行動・心理症状の予防等に資する認知症ケアについて、カンファレンスの開催、計画の作成、認知症の行動・心理症状の有無及び程度についての定期的な評価、ケアの振り返り、計画の見直し等を行っていること。

〈認知症チームケア推進加算（Ⅱ）〉

- （Ⅰ）の（１）、（３）及び（４）に掲げる基準に適合すること。
- 認知症の行動・心理症状の予防等に資する認知症介護に係る専門的な研修を修了している者を１名以上配置し、かつ、複数人の介護職員から成る認知症の行動・心理症状に対応するチームを組んでいること。

16 介護保険施設におけるリハビリテーション・機能訓練、口腔、栄養の一体的取組の推進

【介護老人福祉施設、地域密着型介護老人福祉施設入所者生活介護、介護老人保健施設、介護医療院】

概要

○介護保険施設などの関連する加算を見直す。

単位数

○介護老人保健施設

改定前		改定後	
リハビリテーションマネジメント計画書情報加算 33単位／月		**リハビリテーションマネジメント計画書情報加算（Ⅰ）**	53単位／月
		リハビリテーションマネジメント計画書情報加算（Ⅱ）	33単位／月

※加算（Ⅰ）、（Ⅱ）は併算定不可

○介護医療院

改定前		改定後	
理学療法 注6、作業療法 注6、言語聴覚療法 注4 33単位／月		理学療法 注6、作業療法 注6、言語聴覚療法 注4	33単位／月
		理学療法 注7、作業療法 注7、言語聴覚療法 注5	20単位／月

※加算（Ⅰ）、（Ⅱ）は併算定可

○介護老人福祉施設、地域密着型介護老人福祉施設入所者生活介護

改定前		改定後	
個別機能訓練加算（Ⅰ） 12単位／日		個別機能訓練加算（Ⅰ）	12単位／日（変更なし）
個別機能訓練加算（Ⅱ） 20単位／月		個別機能訓練加算（Ⅱ）	20単位／月（変更なし）
		個別機能訓練加算（Ⅲ）	20単位／月

※加算（Ⅰ）、（Ⅱ）、（Ⅲ）は併算定可

算定要件等

【介護老人保健施設】〈リハビリテーションマネジメント計画書情報加算（Ⅰ）〉
【介護医療院】〈理学療法 注7、作業療法 注7、言語聴覚療法 注5〉

○入所者ごとのリハビリテーション計画書の内容等の情報を厚生労働省に提出していること。必要に応じてリハビリテーション計画の内容を見直す等、リハビリテーションの実施に当たって、当該情報その他リハビリテーションの適切かつ有効な実施のために必要な情報を活用していること。

※上記は介護老人保健施設の場合。介護医療院については、理学療法 注6、作業療法 注6又は言語聴覚療法 注4を算定していること。

○口腔衛生管理加算（Ⅱ）及び栄養マネジメント加算を算定していること。

○入所者ごとに、医師、管理栄養士、理学療法士、作業療法士、言語聴覚士、歯科衛生士、看護職員、介護職員その他の職種の者が、リハビリテーション計画の内容等の情報その他リハビリテーションの適切かつ有効な実施のために必要な情報、入所者の口腔の健康状態に関する情報及び入所者の栄養状態に関する情報を相互に共有すること。

○共有した情報を踏まえ、必要に応じてリハビリテーション計画の見直しを行い、見直しの内容について、関係職種間で共有していること。

【介護老人福祉施設、地域密着型介護老人福祉施設入所者生活介護】
〈個別機能訓練加算（Ⅲ）〉

○個別機能訓練加算（Ⅱ）を算定していること。

○口腔衛生管理加算（Ⅱ）及び栄養マネジメント強化加算を算定していること。

○入所者ごとに、理学療法士等が、個別機能訓練計画の内容等の情報その他個別機能訓練の適切かつ有効な実施のために必要な情報、入所者の口腔の健康状態に関する情報及び入所者の栄養状態に関する情報を相互に共有していること。

○共有した情報を踏まえ、必要に応じて個別機能訓練計画の見直しを行い、見直しの内容について、理学療法士等の関係職種間で共有していること。

ポイント

個別機能訓練（Ⅱ）は、（Ⅰ）に加え、個別機能訓練計画の内容等の情報を厚生労働省に提出し、機能訓練の実施に当たって、当該情報その他機能訓練の適切かつ有効な実施のために必要な情報を活用した場合に算定。

17 リハビリテーション・個別機能訓練、口腔管理、栄養管理に係る一体的計画書の見直し

通所介護・地域密着型通所介護 08 を参照

18 介護保険施設における口腔衛生管理の強化

【介護老人福祉施設、地域密着型介護老人福祉施設入所者生活介護、介護老人保健施設、介護医療院】

概要

○事業者に利用者の入所時及び入所後の定期的な口腔衛生状態・口腔機能の評価の実施を義務付ける。

算定要件等

○施設の従業者又は歯科医師若しくは歯科医師の指示を受けた歯科衛生士が施設入所時及び入所後の定期的な口腔の健康状態の評価を実施すること。
○技術的助言及び指導又は口腔の健康状態の評価を行う歯科医師若しくは歯科医師の指示を受けた歯科衛生士においては、当該施設との連携について、実施事項等を文書等で取り決めを行うこと。

〈運営基準等における対応〉

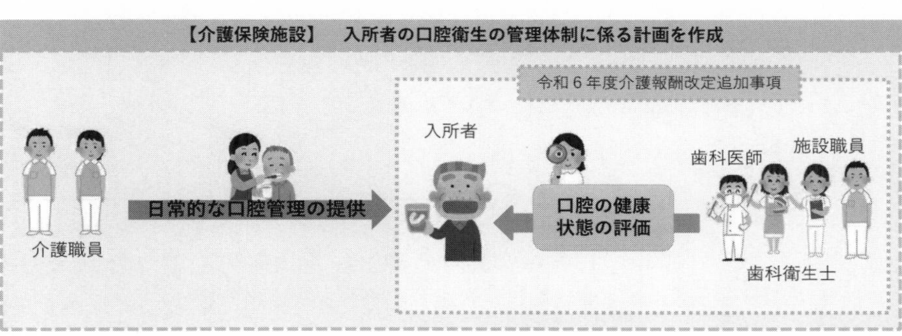

19 退所者の栄養管理に関する情報連携の促進

【介護老人福祉施設、介護老人保健施設、介護医療院、地域密着型介護老人福祉施設入所者生活介護】

概要

○介護保険施設の管理栄養士が、介護保険施設の入所者等の栄養管理に関する情報について、他の介護保険施設や医療機関等に提供することを評価する新たな加算を設ける。

単位数

新	**退所時栄養情報連携加算**	70単位/回

算定要件等

○対象者

- 厚生労働大臣が定める特別食※を必要とする入所者又は低栄養状態にあると医師が判断した入所者

○主な算定要件

- 管理栄養士が、退所先の医療機関等に対して、当該者の栄養管理に関する情報を提供する。
- 1月につき1回を限度として所定単位数を算定する。

※疾病治療の直接手段として、医師の発行する食事箋に基づき提供された適切な栄養量及び内容を有する腎臓病食、肝臓病食、糖尿病食、胃潰瘍食、貧血食、膵臓病食、脂質異常症食、痛風食、嚥下困難者のための流動食、経管栄養のための濃厚流動食及び特別な場合の検査食（単なる流動食及び軟食を除く。）

ポイント

居宅へ退所する場合は、介護支援専門員も情報提供先に該当。

20 再入所時栄養連携加算の対象の見直し

【介護老人福祉施設、地域密着型介護老人福祉施設入所者生活介護 、介護老人保健施設、介護医療院】

概要

○医療機関から介護保険施設への再入所者であって特別食等を提供する必要がある利用者を算定対象に加える。

算定要件等

○対象者

二次入所において必要となる栄養管理が、一次入所の際に必要としていた栄養管理とは大きく異なる者。	➡	**厚生労働大臣が定める特別食※等を必要とする**者。

※疾病治療の直接手段として、医師の発行する食事箋に基づき提供された適切な栄養量及び内容を有する腎臓病食、肝臓病食、糖尿病食、胃潰瘍食、貧血食、膵臓病食、脂質異常症食、痛風食、嚥下困難者のための流動食、経管栄養のための濃厚流動食及び特別な場合の検査食（単なる流動食及び軟食を除く。）

本来の要件概要としては、（再入所において必要となる栄養管理が、一次入所の際に必要としていた栄養管理とは大きく異なるため）施設の管理栄養士が病院または診療所の管理栄養士と連携し、栄養ケア計画を策定するもの。

栄養に関する情報連携のイメージ図

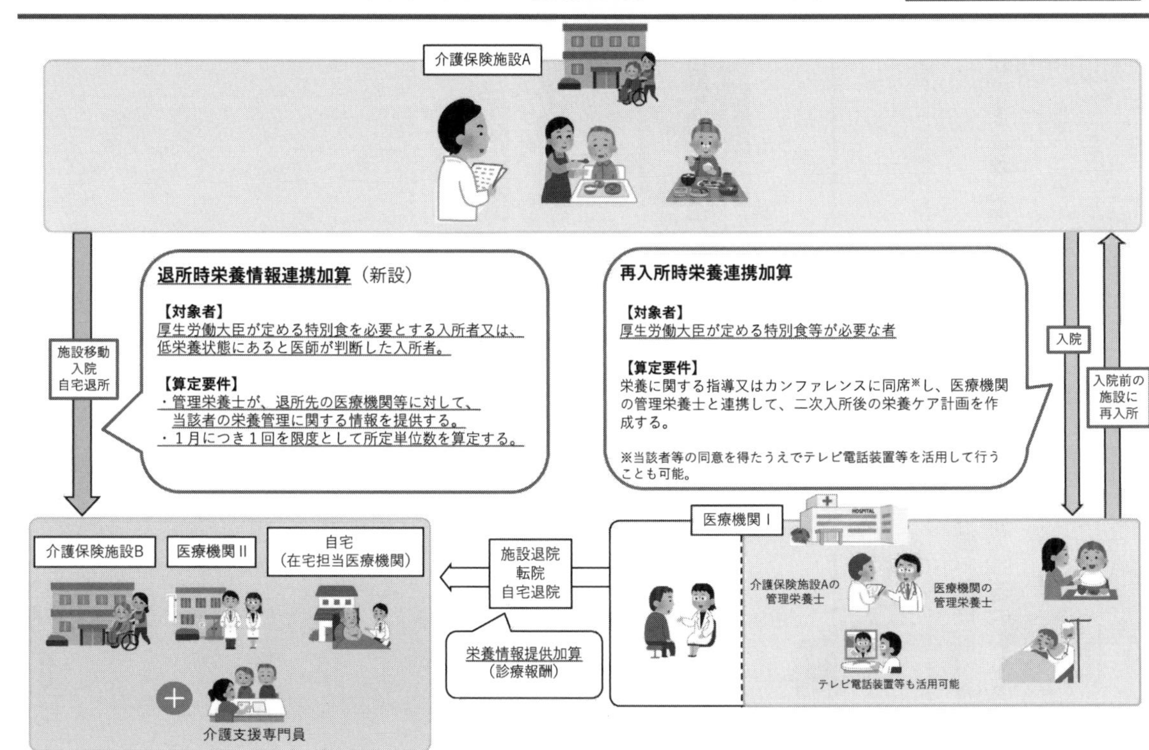

下線部：Ｒ６報酬改定事項
介護保険施設A
施設移動
入院
自宅退所
退所時栄養情報連携加算（新設）
【対象者】
厚生労働大臣が定める特別食を必要とする入所者又は、低栄養状態にあると医師が判断した入所者。
【算定要件】
・管理栄養士が、退所先の医療機関等に対して、当該者の栄養管理に関する情報を提供する。
・１月につき１回を限度として所定単位数を算定する。
再入所時栄養連携加算
【対象者】
厚生労働大臣が定める特別食等が必要な者
【算定要件】
栄養に関する指導又はカンファレンスに同席※し、医療機関の管理栄養士と連携して、二次入所後の栄養ケア計画を作成する。
※当該者等の同意を得たうえでテレビ電話装置等を活用して行うことも可能。
入院
入院前の施設に再入所
介護保険施設B
医療機関 II
自宅
（在宅担当医療機関）
介護支援専門員
施設退院
転院
自宅退院
栄養情報提供加算
（診療報酬）
医療機関 I
介護保険施設Aの管理栄養士
医療機関の管理栄養士
テレビ電話装置等も活用可能

21 ユニットケア施設管理者研修の努力義務化

【短期入所生活介護★、短期入所療養介護★、介護老人福祉施設、地域密着型介護老人福祉施設入所者生活介護、介護老人保健施設、介護医療院】

概要

○ユニットケアの質の向上の観点から、個室ユニット型施設の管理者は、ユニットケア施設管理者研修を受講するよう努めなければならないこととする。

22 科学的介護推進体制加算の見直し

≫ 通所介護・地域密着型通所介護 10 を参照

23 自立支援促進加算の見直し

【介護老人福祉施設、地域密着型介護老人福祉施設入所者生活介護、介護老人保健施設、介護医療院】

概要

○自立支援促進加算について、以下の見直しを行う。

単位数

自立支援促進加算 300単位／月

自立支援促進加算 **280**単位／月
（介護老人保健施設は300単位／月）

算定要件等

○医学的評価の頻度について、支援計画の見直し及びデータ提出の頻度と合わせ、少なくとも「3月に1回」へ見直すことで、事務負担の軽減を行う。
○その他、LIFE関連加算に共通した見直しを実施。
〈入力負担軽減に向けたLIFE関連加算に共通する見直し〉
・入力項目の定義の明確化や、他の加算と共通する項目の選択肢を統一化する。
・同一の利用者に複数の加算を算定する場合に、一定の条件下でデータ提出のタイミングを統一できるようにする。

医学的評価が前提条件の老健に有利な加算。

24 アウトカム評価の充実のためのADL維持等加算の見直し

【通所介護、地域密着型通所介護、認知症対応型通所介護、特定施設入居者生活介護、地域密着型特定施設入居者生活介護 、介護老人福祉施設、地域密着型介護老人福祉施設入所者生活介護】

概要

○ ADL維持等加算（Ⅱ）におけるADL利得の要件について、「２以上」を「３以上」と見直す。また、ADL利得の計算方法の簡素化を行う。

算定要件等

〈ADL維持等加算（Ⅰ）〉

○以下の要件を満たすこと。

イ　利用者等（当該施設等の評価対象利用期間が６月を超える者）の総数が10人以上であること。

ロ　利用者等全員について、利用開始月と、当該月の翌月から起算して６月目（６月目にサービスの利用がない場合はサービスの利用があった最終月）において、Barthel Indexを適切に評価できる者がADL値を測定し、測定した日が属する月ごとに厚生労働省に提出していること。

ハ　利用開始月の翌月から起算して６月目の月に測定したADL値から利用開始月に測定したADL値を控除し、初月のADL値や要介護認定の状況等に応じた値を加えて得た値（調整済ADL利得）について、利用者等から調整済ADL利得の上位及び下位それぞれ１割の者を除いた者を評価対象利用者等とし、評価対象利用者等の調整済ADL利得を平均して得た値が１以上であること。

〈ADL維持等加算（Ⅱ）〉

○ ADL維持等加算（Ⅰ）のイとロの要件を満たすこと。

○評価対象利用者等の調整済ADL利得を平均して得た値が3以上であること。

〈ADL維持等加算（Ⅰ）（Ⅱ）について〉

○初回の要介護認定があった月から起算して12月以内である者の場合や他の施設や事業所が提供するリハビリテーションを併用している利用者の場合のADL維持等加算利得の計算方法を簡素化。

25 アウトカム評価の充実のための排せつ支援加算の見直し

【看護小規模多機能型居宅介護 、介護老人福祉施設、地域密着型介護老人福祉施設入所者生活介護、介護老人保健施設、介護医療院】

概要

○排せつ支援加算について、介護の質の向上に係る取組を一層推進する観点から見直しを行う。（単位数変更なし）

算定要件等

○ LIFE 関連加算に共通した見直しを実施。

〈入力負担軽減に向けたLIFE 関連加算に共通する見直し〉

・入力項目の定義の明確化や、他の加算と共通する項目の選択肢を統一化する

・同一の利用者に複数の加算を算定する場合に、一定の条件下でデータ提出のタイミングを統一できるようにする

〈排せつ支援加算（Ⅰ)〉

○以下の要件を満たすこと。

イ　排せつに介護を要する入所者等ごとに、要介護状態の軽減の見込みについて、医師又は医師と連携した看護師が施設入所時等に評価するとともに、少なくとも３月に１回、評価を行い、その評価結果等を厚生労働省に提出し、排せつ支援に当たって当該情報等を活用していること。

ロ　イの評価の結果、適切な対応を行うことにより、要介護状態の軽減が見込まれる者について、医師、看護師、介護支援専門員等が共同して、排せつに介護を要する原因を分析し、それに基づいた支援計画を作成し、支援を継続して実施していること。

ハ　イの評価に基づき、少なくとも３月に１回、入所者等ごとに支援計画を見直していること。

〈排せつ支援加算（Ⅱ)〉

○排せつ支援加算（Ⅰ）の算定要件を満たしている施設等において、適切な対応を行うことにより、要介護状態の軽減が見込まれる者について、

・施設入所時等と比較して、排尿・排便の状態の少なくとも一方が改善するとともに、いずれにも悪化がないこと。

・又はおむつ使用ありから使用なしに改善していること。

・又は施設入所時・利用開始時に尿道カテーテルが留置されていた者につ

いて、尿道カテーテルが抜去されたこと。

〈排せつ支援加算（Ⅲ）〉

○排せつ支援加算（Ⅰ）の算定要件を満たしている施設等において、適切な対応を行うことにより、要介護状態の軽減が見込まれる者について、

・施設入所時等と比較して、排尿・排便の状態の少なくとも一方が改善するとともに、いずれにも悪化がない

・又は施設入所時・利用開始時に尿道カテーテルが留置されていた者について、尿道カテーテルが抜去されたこと。

・かつ、おむつ使用ありから使用なしに改善していること。

重度の利用者が占める特養ホームでは、アウトカム系の加算は全体的に算定低調とならざるを得ないでしょう。

26 アウトカム評価の充実のための褥瘡マネジメント加算等の見直し

【看護小規模多機能型居宅介護 、介護老人福祉施設、地域密着型介護老人福祉施設入所者生活介護、介護老人保健施設、介護医療院】

概要

○褥瘡マネジメント加算（介護医療院は褥瘡対策指導管理）について、介護の質の向上に係る取組を一層推進する観点から、見直しを行う。（単位数変更なし）

算定要件等

○ LIFE 関連加算に共通した見直しを実施。

〈入力負担軽減に向けたLIFE 関連加算に共通する見直し〉

・入力項目の定義の明確化や、他の加算と共通する項目の選択肢を統一化する。

・同一の利用者に複数の加算を算定する場合に、一定の条件下でデータ提出のタイミングを統一できるようにする。

〈褥瘡マネジメント加算（Ⅰ）〉

○以下の要件を満たすこと。

イ　入所者又は利用者ごとに、施設入所時又は利用開始時に褥瘡の有無を確認するとともに、褥瘡の発生と関連のあるリスクについて、施設入所時又は利用開始時に評価し、その後少なくとも３月に１回評価すること。

ロ　イの確認及び評価の結果等の情報を厚生労働省に提出し、褥瘡管理の実施に当たって、当該情報その他褥瘡管理の適切かつ有効な実施のために必要な情報を活用していること。

ハ　イの確認の結果、褥瘡が認められ、又はイの評価の結果、褥瘡が発生するリスクがあるとされた入所者又は利用者ごとに、医師、看護師、介護職員、管理栄養士、介護支援専門員その他の職種の者が共同して、褥瘡管理に関する褥瘡ケア計画を作成していること。

ニ　入所者又は利用者ごとの褥瘡ケア計画に従い褥瘡管理を実施するとともに、その管理の内容や入所者又は利用者の状態について定期的に記録していること。

ホ　イの評価に基づき、少なくとも３月に１回、入所者又は利用者ごとに褥瘡ケア計画を見直していること。

〈褥瘡マネジメント加算（Ⅱ）〉

褥瘡マネジメント加算（Ⅰ）の算定要件を満たしている施設等において、施設入所時等の評価の結果、褥瘡の認められた入所者等について、当該褥瘡が治癒したこと、又は褥瘡が発生するリスクがあるとされた入所者等について、褥瘡の発生のないこと。

〈褥瘡対策指導管理（Ⅱ）〉

○褥瘡対策指導管理（Ⅰ）に係る基準を満たす介護医療院において、施設入所時の評価の結果、褥瘡の認められた入所者等について、当該褥瘡が治癒したこと、又は褥瘡が発生するリスクがあるとされた入所者について、褥瘡の発生のないこと。

27 介護職員の処遇改善

複数サービス共通　の④を参照

28 テレワークの取扱い

複数サービス共通の⑤を参照

29 利用者の安全並びに介護サービスの質の確保及び職員の負担軽減に資する方策を検討するための委員会の設置の義務付け

【短期入所系サービス★、居住系サービス★、多機能系サービス★、施設系サービス】

概要

○介護現場における生産性の向上に資する取組の促進を図る観点から、現場における課題を抽出及び分析した上で、事業所の状況に応じて、利用者の安全並びに介護サービスの質の確保及び職員の負担軽減に資する方策を検討するための委員会の設置を義務付ける。その際、３年間の経過措置期間を設けることとする。

30 介護ロボットやICT等のテクノロジーの活用促進

【短期入所系サービス★、居住系サービス★、多機能系サービス★、施設系サービス】

概要

○利用者の安全並びに介護サービスの質の確保及び職員の負担軽減に資する方策を検討するための委員会の開催や必要な安全対策を講じた上で、見守り機器等のテクノロジーを１つ以上導入し、生産性向上ガイドラインの内容に基づいた業務改善を継続的に行うとともに、一定期間ごとに、業務改善の取組による効果を示すデータの提供を行うことを評価する新たな加算を設ける。

○加えて、上記の要件を満たし、提出したデータにより業務改善の取組による成果が確認された上で、見守り機器等のテクノロジーを複数導入し、職員間の適切な役割分担（いわゆる介護助手の活用等）の取組等を行っていることを評価する区分を設けることとする。

単位数

生産性向上推進体制加算（Ⅰ）	100単位／月
生産性向上推進体制加算（Ⅱ）	10単位／月

算定要件等

【生産性向上推進体制加算（Ⅰ）】（新設）

○（Ⅱ）の要件を満たし、（Ⅱ）のデータにより業務改善の取組による成果※1が確認されていること。

○見守り機器等のテクノロジー※2を複数導入していること。

○職員間の適切な役割分担（いわゆる介護助手の活用等）の取組等を行っていること。

○1年以内ごとに1回、業務改善の取組による効果を示すデータの提供（オンラインによる提出）を行うこと。

注：生産性向上に資する取組を従来より進めている施設等においては、（Ⅱ）のデータによる業務改善の取組による成果と同等以上のデータを示す等の場合には、（Ⅱ）の加算を取得せず、（Ⅰ）の加算を取得することも可能である。

【生産性向上推進体制加算（Ⅱ）】（新設）

○利用者の安全並びに介護サービスの質の確保及び職員の負担軽減に資する方策を検討するための委員会の開催や必要な安全対策を講じた上で、生産性向上ガイドラインに基づいた改善活動を継続的に行っていること。

○見守り機器等のテクノロジーを1つ以上導入していること。

○1年以内ごとに1回、業務改善の取組による効果を示すデータの提供（オンラインによる提出）を行うこと。

※**1** 業務改善の取組による効果を示すデータ等について

○（Ⅰ）において提供を求めるデータは、以下の項目とする。

ア　利用者のQOL等の変化（WHO-5等）
イ　総業務時間及び当該時間に含まれる超過勤務時間の変化
ウ　年次有給休暇の取得状況の変化
エ　心理的負担等の変化（SRS-18等）
オ　機器の導入による業務時間（直接介護、間接業務、休憩等）の変化（タイムスタディ調査）

○（Ⅱ）において求めるデータは、（Ⅰ）で求めるデータのうち、アからウの項目とする。

○（Ⅰ）における業務改善の取組による成果が確認されていることとは、ケアの質が確保（アが維持又は向上）された上で、職員の業務負担の軽減（イが短縮、ウが維持又は向上）が確認されることをいう。

※**2** 見守り機器等のテクノロジーの要件

○見守り機器等のテクノロジーとは、以下のアからウに掲げる機器をいう。

ア　見守り機器
イ　インカム等の職員間の連絡調整の迅速化に資するICT機器
ウ　介護記録ソフトウェアやスマートフォン等の介護記録の作成の効率化に資するICT機器（複数の機器の連携も含め、データの入力から記録・保存・活用までを一体的に支援するものに限る。）

○見守り機器等のテクノロジーを複数導入するとは、少なくともアからウまでに掲げる機器は全て使用することであり、その際、アの機器は全ての居室に設置し、イの機器は全ての介護職員が使用すること。なお、アの機器の運用については、事前に利用者の意向を確認することとし、当該利用者の意向に応じ、機器の使用を停止する等の運用は認められるものであること。

介護サービス事業における生産性向上に資するガイドライン参照。

31 人員配置基準における両立支援への配慮

全サービス共通 の①を参照

32 外国人介護人材に係る人員配置基準上の取扱いの見直し

複数サービス共通 の⑥を参照

33 管理者の責務及び兼務範囲の明確化

全サービス共通 の②を参照

34 いわゆるローカルルールについて

全サービス共通 の③を参照

35 ユニット間の勤務体制に係る取扱いの明確化

【短期入所生活介護★、短期入所療養介護★、介護老人福祉施設、地域密着型介護老人福祉施設入所者生活介護、介護老人保健施設、介護医療院】

概要

○ユニット型施設において、引き続き利用者との「馴染みの関係」を維持しつつ、柔軟なサービス提供により、より良いケアを提供する観点から、職員の主たる所属ユニットを明らかにした上で、必要に応じてユニット間の勤務が可能であることを明確化する。

36 小規模介護老人福祉施設の配置基準の見直し

基　準

離島・過疎地域※1に所在する定員30名の介護老人福祉施設に、短期入所生活介護事業所等が併設される場合、利用者の処遇が適切に行われる場合に限り、それぞれ次のとおり人員基準の緩和を認める。

①（介護予防）短期入所生活介護事業所が併設される場合、これらの事業所に置かないことができる人員

- 医師※2　• 生活相談員 • 栄養士 • 機能訓練指導員

②（介護予防）通所介護事業所、地域密着型通所介護事業所、（介護予防）認知症対応型通所介護事業所が併設される場合、これらの事業所に置かないことができる人員

- 生活相談員 • 機能訓練指導員

③小規模多機能型居宅介護事業所、看護小規模多機能型居宅介護事業所を併設する場合に、介護老人福祉施設に置かないことができる人員

- 介護支援専門員

※1「離島・過疎地域」とは、離島振興法に規定する離島振興対策実施地域、奄美群島振興開発特別措置法に規定する奄美群島、小笠原諸島振興開発特別措置法に規定する小笠原諸島、沖縄振興特別措置法に規定する離島、過疎地域の持続的発展の支援に関する特別措置法に規定する過疎地域（みなし過疎地域を含む。）をいう。

※2（介護予防）短期入所生活介護事業所の利用者の健康管理が適切に行われる場合に限る。

37 経過的小規模介護老人福祉施設等の範囲の見直し

【介護老人福祉施設、地域密着型介護老人福祉施設入所生活介護】

概要

○報酬体系の簡素化や報酬の均衡を図る観点から、離島・過疎地域以外に所在する経過的小規模介護老人福祉施設であって、他の介護老人福祉施設と一体的に運営されている場合は、介護老人福祉施設の基本報酬に統合する。また、同様の観点から、経過的地域密着型介護老人福祉施設入所者生活介護について、離島・過疎地域に所在する場合を除き、地域密着型介護老人福祉施設の基本報酬に統合する。その際、１年間の経過措置期間を設ける。

算定要件等

〈改定後〉

経過的小規模介護福祉施設サービス費を算定すべき指定介護福祉施設サービスの施設基準（抄）

（１）平成 30 年 3 月 31 日までに指定を受けた、入所定員が 30 人の指定介護老人福祉施設であること。

（２）離島又は過疎地域に所在すること又は離島又は過疎地域以外に所在し、かつ、他の指定介護老人福祉施設と併設されていないこと。

※「離島又は過疎地域」とは、離島振興法に規定する離島振興対策実施地域、奄美群島振興開発特別措置法に規定する奄美群島、小笠原諸島振興開発特別措置法に規定する小笠原諸島、沖縄振興特別措置法に規定する離島、過疎地域の持続的発展の支援に関する特別措置法に規定する過疎地域（みなし過疎地域を含む。）をいう。

38 「書面掲示」規制の見直し

全サービス共通 の④を参照

39 基準費用額（居住費）の見直し

【施設系サービス】

概要

○令和４年の家計調査によれば、高齢者世帯の光熱・水道費は令和元年家計調査に比べると上昇しており、在宅で生活する者との負担の均衡を図る観点や、令和５年度介護経営実態調査の費用の状況等を総合的に勘案し、基準費用額（居住費）を 60 円 / 日引き上げる。
○基準費用額（居住費）を下記のとおり見直す。
○従来から補足給付の仕組みにおける負担限度額を０円としている利用者負担第１段階の多床室利用者については、負担限度額を据え置き、利用者負担が増えないようにする。（補足給付は P14・P15 参照）

単位数

○基準費用額（居住費）

多床室（特養等）	855 円	➡	**915** 円
多床室（老健・医療院等）	377 円	➡	**437** 円
従来型個室（特養等）	1,171 円	➡	**1,231** 円
従来型個室（老健・医療院等）	1,668 円	➡	**1,728** 円
ユニット型個室的多床室	1,668 円	➡	**1,728** 円
ユニット型個室	2,006 円	➡	**2,066** 円

介護老人保健施設

基本型、若干増。
在宅強化型は 30 ～ 40 単位増。

01 基本報酬

単位数

※以下の単位数はすべて 1 日あたり

○介護保健施設サービス費（Ⅰ）（iii）（多床室）（基本型）

要介護 1	788 単位	➡	**793** 単位
要介護 2	836 単位	➡	**843** 単位
要介護 3	898 単位	➡	**908** 単位
要介護 4	949 単位	➡	**961** 単位
要介護 5	1,003 単位	➡	**1,012** 単位

○介護保健施設サービス費（Ⅰ）（iv）（多床室）（在宅強化型）

要介護 1	836 単位	➡	**871** 単位
要介護 2	910 単位	➡	**947** 単位
要介護 3	974 単位	➡	**1,014** 単位
要介護 4	1,030 単位	➡	**1,072** 単位
要介護 5	1,085 単位	➡	**1,125** 単位

○ユニット型介護保健施設サービス費（Ⅰ）（ⅰ）（ユニット型個室）（基本型）

要介護 1	796 単位	➡	**802** 単位
要介護 2	841 単位	➡	**848** 単位
要介護 3	903 単位	➡	**913** 単位
要介護 4	956 単位	➡	**968** 単位
要介護 5	1,009 単位	➡	**1,018** 単位

○ユニット型介護保健施設サービス費（Ⅰ）(ⅱ）(ユニット型個室）(在宅強化型）

要介護 1	841 単位	➡	**876** 単位
要介護 2	915 単位	➡	**952** 単位
要介護 3	978 単位	➡	**1,018** 単位
要介護 4	1,035 単位	➡	**1,077** 単位
要介護 5	1,090 単位	➡	**1,130** 単位

02 所定疾患施設療養費の見直し

概要

○介護老人保健施設の入所者に適切な医療を提供する観点から、介護老人保健施設における疾患の発症・治療状況を踏まえ、対象に慢性心不全が増悪した場合を追加する。

単位数

所定疾患施設療養費（Ⅰ）	239 単位 / 日	➡	変更なし
所定疾患施設療養費（Ⅱ）	480 単位 / 日	➡	変更なし

算定要件等

○肺炎、尿路感染症、帯状疱疹、蜂窩織炎、慢性心不全の増悪のいずれかに該当する入所者に対し、投薬、検査、注射、処置等を行った場合に所定単位数を算定する。

〈所定疾患施設療養費（Ⅰ）〉

○診断、診断を行った日、実施した投薬、検査、注射、処置等の内容等を診療録に記載していること。

○所定疾患施設療養費の算定開始年度の翌年度以降において、当該施設の前年度における当該入所者に対する投薬、検査、注射、処置等の実施状況を公表していること。

〈所定疾患施設療養費（Ⅱ）〉

○診断及び診断に至った根拠、診断を行った日、実施した投薬、検査、注射、処置等の内容等を診療録に記載していること。

○所定疾患施設療養費の算定開始年度の翌年度以降において、当該施設の前年度における当該入所者に対する投薬、検査、注射、処置等の実施状況を公表していること。

○当該介護保健施設サービスを行う介護老人保健施設の医師が感染症対策に関する研修を受講していること。

03 協力医療機関との連携体制の構築

≫ 介護老人福祉施設・地域密着型介護老人福祉施設入所者生活介護 06

04 協力医療機関との定期的な会議の実施

≫ 介護老人福祉施設・地域密着型介護老人福祉施設入所者生活介護 07

05 入院時等の医療機関への情報提供

≫ 介護老人福祉施設・地域密着型介護老人福祉施設入所者生活介護 08

06 介護老人保健施設における医療機関からの患者受入れの促進

概要

○初期加算について、地域医療情報連携ネットワーク等のシステムや、急性期病床を持つ医療機関の入退院支援部門を通して、当該施設の空床情報の定期的な情報共有等を行うとともに、入院日から一定期間内に医療機関を退院した者を受け入れた場合について評価する区分を新たに設ける。

単位数

初期加算　30単位／日		初期加算（Ⅰ）　**60**単位／日
		初期加算（Ⅱ）　**30**単位／日

算定要件等

〈初期加算（Ⅰ）〉

○次に掲げる基準のいずれかに適合する介護老人保健施設において、急性期医療を担う医療機関の一般病棟への入院後30日以内に退院し、介護老人保健施設に入所した者について、１日につき所定単位数を加算する。ただし、初期加算（Ⅱ）を算定している場合は、算定しない。

- 当該介護老人保健施設の空床情報について、地域医療情報連携ネットワーク等を通じ、地域の医療機関に定期的に情報を共有していること。
- 当該介護老人保健施設の空床情報について、当該介護老人保健施設のウェブサイトに定期的に公表するとともに、急性期医療を担う複数医療機関の入退院支援部門に対し、定期的に情報共有を行っていること。

〈初期加算（Ⅱ）〉

○入所した日から起算して30日以内の期間については、初期加算（Ⅱ）として、１日につき所定単位数を加算する。ただし、初期加算（Ⅰ）を算定している場合は、算定しない。

07 介護老人保健施設におけるターミナルケア加算の見直し

概要

○死亡日以前31日以上45日以下の区分の評価を見直し、死亡日の前日及び前々日並びに死亡日の区分への重点化を図る。

単位数

死亡日 45 日前～31 日前	80 単位 / 日	➡	死亡日 45 日前～31 日前	**72** 単位 / 日
死亡日 30 日前～4 日前	160 単位 / 日	➡	変更なし	
死亡日前々日、前日	820 単位 / 日	➡	死亡日前々日、前日	**910** 単位 / 日
死亡日	20 単位 / 月	➡	死亡日	**1,900** 単位 / 日

算定要件等

○以下のいずれにも適合している入所者であること。（現行通り）

1 医師が一般的に認められている医学的知見に基づき回復の見込みがないと診断した者であること。

2 入所者又はその家族等の同意を得て、入所者のターミナルケアに係る計画が作成されていること※。

3 医師、看護師、介護職員、支援相談員、管理栄養士等が共同して、入所者の状態又は家族の求め等応じ随時、本人又はその家族への説明を行い、同意を得てターミナルケアが行われていること。

※1 「人生の最終段階における医療・ケアの決定プロセスに関するガイドライン」等の内容に沿った取組を行うこと。

※2 計画の作成にあたり、本人の意思を尊重した医療・ケアの方針決定に対する支援に努めること。

08 高齢者施設等における感染症対応力の向上

≫ 介護老人福祉施設・地域密着型介護老人福祉施設入所者生活介護 10

09 施設内療養を行う高齢者施設等への対応

≫ 介護老人福祉施設・地域密着型介護老人福祉施設入所者生活介護 11

10 新興感染症発生時等の対応を行う医療機関との連携

≫ 介護老人福祉施設・地域密着型介護老人福祉施設入所者生活介護 12

11 業務継続計画未策定事業所に対する減算の導入

複 ≫ 複数サービス共通 の①を参照

12 高齢者虐待防止の推進

複 ≫ 複数サービス共通 の②を参照

13 認知症対応型共同生活介護、介護保険施設における平時からの認知症の行動・心理症状の予防、早期対応の推進

≫ 介護老人福祉施設・地域密着型介護老人福祉施設入所者生活介護 15

14 介護老人保健施設における認知症短期集中リハビリテーション実施加算の見直し

概要

○入所者の居宅を訪問し生活環境を把握することを評価する新たな区分を設ける。
○その際、現行の加算区分については、評価の見直しを行う。

単位数

認知症短期集中リハビリテーション実施加算 ※1週に3日を限度として算定。算定期間は入所後3月以内。	240単位/日		**認知症短期集中リハビリテーション実施加算（Ⅰ）**	**240**単位/日
			認知症短期集中リハビリテーション実施加算（Ⅱ）	**120**単位/日

算定要件等

〈認知症短期集中リハビリテーション実施加算（Ⅰ）〉

○次に掲げる基準に適合する介護老人保健施設において、1日につき所定単位数を加算する。

(1) リハビリテーションを担当する理学療法士、作業療法士又は言語聴覚士が適切に配置されていること。

(2) リハビリテーションを行うに当たり、入所者数が、理学療法士、作業療法士又は言語聴覚士の数に対して適切なものであること。

(3) 入所者が退所後生活する居宅又は社会福祉施設等を訪問し、当該訪問により把握した生活環境を踏まえたリハビリテーション計画を作成していること。

〈認知症短期集中リハビリテーション実施加算（Ⅱ）〉（現行と同じ）

○認知症短期集中リハビリテーション実施加算（Ⅰ）の(1)及び(2)に該当するものであること。

15 介護保険施設におけるリハビリテーション・機能訓練、口腔、栄養の一体的取組の推進

» 介護老人福祉施設・地域密着型介護老人福祉施設入所者生活介護 16

16 リハビリテーション・個別機能訓練、口腔管理、栄養管理に係る一体的計画書の見直し

» 通所介護・地域密着型通所介護 08 を参照

17 介護老人保健施設における短期集中リハビリテーション実施加算の見直し

概要

○効果的なリハビリテーションを推進する観点から、新たな区分を設ける。
○また、現行の加算区分については、評価の見直しを行う。

単位数

現行			変更後	
短期集中リハビリテーション実施加算 ※算定期間は入所後３月以内	240 単位／日		**短期集中リハビリテーション実施加算（Ⅰ）**	**258** 単位／日
		➡	短期集中リハビリテーション実施加算（Ⅱ）	**200** 単位／日

算定要件等

〈短期集中リハビリテーション実施加算（Ⅰ）〉

○入所者に対して、医師又は医師の指示を受けた理学療法士、作業療法士若しくは言語聴覚士が、その入所の日から起算して３月以内の期間に集中的にリハビリテーションを行った場合であって、かつ、原則として入所時及び１月に１回以上ＡＤＬ等の評価を行うとともに、その評価結果等の情報を厚生労働省に提出し、必要に応じてリハビリテーション計画を見直していること。

〈短期集中リハビリテーション実施加算（Ⅱ）〉（現行と同じ）

○入所者に対して、医師等が、その入所の日から起算して３月以内の期間に集中的にリハビリテーションを行っていること。

18 介護保険施設における口腔衛生管理の強化

≫ 介護老人福祉施設、地域密着型介護老人福祉施設入所者生活介護 18

19 退所者の栄養管理に関する情報連携の促進

≫ 介護老人福祉施設、地域密着型介護老人福祉施設入所者生活介護 19

20 再入所時栄養連携加算の対象の見直し

≫ 介護老人福祉施設、地域密着型介護老人福祉施設入所者生活介護 20

21 ユニットケア施設管理者研修の努力義務化

≫ 介護老人福祉施設、地域密着型介護老人福祉施設入所者生活介護 21

22 介護老人保健施設における在宅復帰・在宅療養支援機能の促進

概要

○在宅復帰・在宅療養支援機能を更に推進する観点から見直しを行う。その際、6 月の経過措置期間を設けることとする。

○また、基本報酬について、施設類型ごとに適切な水準に見直しを行うこととする。

算定要件等

※下線部が見直し箇所

在宅復帰・在宅療養支援等指標：下記評価項目（①〜⑩）について、項目に応じた値を足し合わせた値（最高値：90）				
①在宅復帰率	50％超　20	30％超　10	30％以下　0	
②ベッド回転率	10％以上 20	5％以上　10	5％未満　0	
③入所前後訪問指導割合	30％以上 10 ⇒35％以上 10	10％以上 5 ⇒15％以上 5	10％未満　0 ⇒15％未満 0	
④退所前後訪問指導割合	30％以上 10 ⇒35％以上 10	10％以上 5 ⇒15％以上 5	10％未満　0 ⇒15％未満 0	
⑤居宅サービスの実施数	3サービス5	2サービス（訪問リハビリテーションを含む）3	2サービス1	0、1サービス0
⑥リハ専門職の配置割合	5以上（PT, OT, STいずれも配置）　5	5以上　3	3以上　2	3未満　0
⑦支援相談員の配置割合	3以上　5 ⇒3以上（社会福祉士の配置あり）　5	（設定なし） ⇒3以上（社会福祉士の配置なし）　3	2以上 3 ⇒2以上 1	2未満　0
⑧要介護4又は5の割合	50％以上　5	35％以上　3	35％未満　0	
⑨喀痰吸引の実施割合	10％以上　5	5％以上　3	5％未満　0	
⑩経管栄養の実施割合	10％以上　5	5％以上　3	5％未満　0	

単位数

※多床室、要介護度３の場合

基本報酬のイメージ

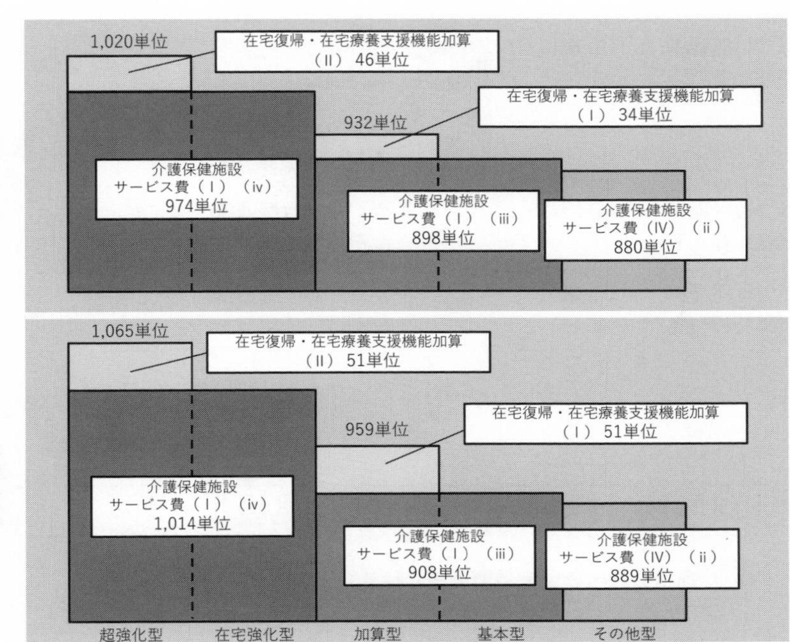

23 かかりつけ医連携薬剤調整加算の見直し

概要

○入所前の主治医と連携して薬剤を評価・調整した場合に加え、施設において薬剤を評価・調整した場合を評価する新たな区分を設ける（(Ⅰ)ロ)。その上で、入所前の主治医と連携して薬剤を評価・調整した場合の区分を高く評価する（(Ⅰ) イ)。

○また、新たに以下の要件を設ける。

ア　処方を変更する際の留意事項を医師、薬剤師及び看護師等の多職種で共有し、処方変更に伴う病状の悪化や新たな副作用の有無について、多職種で確認し、必要に応じて総合的に評価を行うこと。

イ　入所前に６種類以上の内服薬が処方されている方を対象とすること。

ウ　入所者やその家族に対して、処方変更に伴う注意事項の説明やポリファーマシーに関する一般的な注意の啓発を行うこと。

単位数

改定前			改定後	
かかりつけ医連携薬剤調整加算（Ⅰ）	100単位/回		かかりつけ医連携薬剤調整加算（Ⅰ）	イ　140単位/回
			**かかりつけ医連携薬剤調整加算（Ⅰ）**	**ロ　70単位/回**
かかりつけ医連携薬剤調整加算（Ⅱ）	240単位/回	→	かかりつけ医連携薬剤調整加算（Ⅱ）	240単位/回
かかりつけ医連携薬剤調整加算（Ⅲ）	100単位/回		かかりつけ医連携薬剤調整加算（Ⅲ）	100単位/回

※入所者１人につき１回を限度として、当該入所者の退所時に加算

24 科学的介護推進体制加算の見直し

» 通所介護・地域密着型通所介護 10 を参照

25 自立支援促進加算の見直し

» 介護老人福祉施設・地域密着型介護老人福祉施設入所者生活介護 23

26 アウトカム評価の充実のための排せつ支援加算の見直し

介護老人福祉施設・地域密着型介護老人福祉施設入所者生活介護 25

27 アウトカム評価の充実のための褥瘡マネジメント加算等の見直し

介護老人福祉施設・地域密着型介護老人福祉施設入所者生活介護 26

28 介護職員の処遇改善

複
複数サービス共通 の④を参照

29 テレワークの取扱い

複
複数サービス共通 の⑤を参照

30 利用者の安全並びに介護サービスの質の確保及び職員の負担軽減に資する方策を検討するための委員会の設置の義務付け

介護老人福祉施設・地域密着型介護老人福祉施設入所者生活介護 29

31 介護ロボットやICT等のテクノロジーの活用促進

介護老人福祉施設・地域密着型介護老人福祉施設入所者生活介護 30

32 介護老人保健施設等における見守り機器等を導入した場合の夜間における人員配置基準の緩和

【短期入所療養介護★、介護老人保健施設】

概要

○介護老人保健施設（ユニット型を除く。）及び短期入所療養介護の夜間の配置基準について、見直しを行う。

算定要件等

○1日あたりの配置人員数を現行2人以上としているところ、要件を満たす場合は1.6人以上とする。ただし、配置人員数は常時1人以上配置することとする。

（要件）

- 全ての利用者に見守りセンサーを導入していること
- 夜勤職員全員がインカム等のICTを使用していること
- 安全体制を確保していること※

※安全体制の確保の具体的要件　①利用者の安全並びに介護サービスの質の確保及び職員の負担軽減に資する方策を検討するための委員会を設置②職員に対する十分な休憩時間の確保等の勤務・雇用条件への配慮③緊急時の体制整備（近隣在住職員を中心とした緊急参集要員の確保等）④機器の不具合の定期チェックの実施（メーカーとの連携を含む）⑤職員に対するテクノロジー活用に関する教育の実施⑥夜間の訪室が必要な利用者に対する訪室の個別実施

○見守り機器やICT導入後、上記の要件を少なくとも3か月以上試行し、現場職員の意見が適切に反映できるよう、夜勤職員をはじめ実際にケア等を行う多職種の職員が参画する委員会（具体的要件①）において、安全体制やケアの質の確保、職員の負担軽減が図られていることを確認した上で届け出るものとする。

33 人員配置基準における両立支援への配慮

全サービス共通 の①を参照

34 外国人介護人材に係る人員配置基準上の取扱いの見直し

複数サービス共通 の⑥を参照

35 管理者の責務及び兼務範囲の明確化

全サービス共通 の②を参照

36 いわゆるローカルルールについて

全サービス共通 の③を参照

37 ユニット間の勤務体制に係る取扱いの明確化

介護老人福祉施設・地域密着型介護老人福祉施設入所者生活介護 35

38 多床室の室料負担

【短期入所療養介護、介護老人保健施設、介護医療院】

概要

○「その他型」及び「療養型」の介護老人保健施設並びに「Ⅱ型」の介護医療院について、新たに室料負担（月額８千円相当）を導入する。

単位数

○短期入所療養介護、介護老人保健施設、介護医療院

該当する施設の多床室について、室料相当額減算として	▲26 単位 / 日
該当する施設の多床室における基準費用額（居住費）について	＋260 円 / 日

算定要件等

○以下の多床室（いずれも８m²/人以上に限る。）の入所者について、基本報酬から室料相当額を減算し、利用者負担を求めることとする。

- 「その他型」及び「療養型」の介護老人保健施設の多床室
- 「Ⅱ型」の介護医療院の多床室

○ただし、基準費用額（居住費）を増額することで、利用者負担第１～３段階の者については、補足給付により利用者負担を増加させない。（補足給付はP14・P15参照）

39 認知症情報提供加算の廃止

単位数

認知症情報提供加算　350単位/回  

40 地域連携診療計画情報提供加算の廃止

単位数

地域連携診療計画情報提供加算　300単位/回  

41 「書面掲示」規制の見直し

≫ 全サービス共通 の④を参照

42 基準費用額（居住費）の見直し

≫ 介護老人福祉施設・地域密着型介護老人福祉施設入所者生活介護 39

介護医療院

単位数、若干増。
長期療養者の医療・介護だけでなく看取りも。

01 基本報酬

単位数

※以下の単位数はすべて１日あたり

○Ⅰ型介護医療院サービス費（Ⅰ）（ⅱ）（多床室）

要介護 1	825 単位	➡	**833** 単位
要介護 2	934 単位	➡	**943** 単位
要介護 3	1,171 単位	➡	**1,182** 単位
要介護 4	1,271 単位	➡	**1,283** 単位
要介護 5	1,362 単位	➡	**1,375** 単位

○Ⅱ型介護医療院サービス費（Ⅰ）（ⅱ）（多床室）

要介護 1	779 単位	➡	**786** 単位
要介護 2	875 単位	➡	**883** 単位
要介護 3	1,082 単位	➡	**1,092** 単位
要介護 4	1,170 単位	➡	**1,181** 単位
要介護 5	1,249 単位	➡	**1,261** 単位

○ユニット型Ⅰ型介護医療院サービス費（Ⅰ）（ⅰ）（ユニット型個室）

要介護 1	842 単位	➡	**850** 単位
要介護 2	951 単位	➡	**960** 単位
要介護 3	1,188 単位	➡	**1,199** 単位
要介護 4	1,288 単位	➡	**1,300** 単位
要介護 5	1,379 単位	➡	**1,392** 単位

○ユニット型Ⅱ型介護医療院サービス費（Ⅰ）（ⅰ）（ユニット型個室）

要介護1	841単位	➡	**849**単位
要介護2	942単位	➡	**951**単位
要介護3	1,162単位	➡	**1,173**単位
要介護4	1,255単位	➡	**1,267**単位
要介護5	1,340単位	➡	**1,353**単位

02 協力医療機関との連携体制の構築

≫ 介護老人福祉施設・地域密着型介護老人福祉施設入所者生活介護 06

03 協力医療機関との定期的な会議の実施

≫ 介護老人福祉施設・地域密着型介護老人福祉施設入所者生活介護 07

04 入院時等の医療機関への情報提供

≫ 介護老人福祉施設・地域密着型介護老人福祉施設入所者生活介護 08

05 介護医療院における看取りへの対応の充実

【介護医療院】

概要

○本人の意思を尊重した上で、原則入所者全員に対して「人生の最終段階における医療・ケアの決定プロセスに関するガイドライン」に沿った取組を行うことを求めることとする。

算定要件等

厚生労働大臣が定める施設基準　※Ｉ型介護医療院サービス費（Ｉ）の場合

68　介護医療院サービスの施設基準

イ　Ｉ型介護医療院サービス費を算定すべき介護医療院サービスの施設基準

(1)　Ｉ型介護医療院サービス費（Ｉ）を算定すべき介護医療院サービスの施設基準。

(一)　併設型小規模介護医療院以外の介護医療院が行う介護医療院サービスの場合にあっては、次に掲げる規定のいずれにも適合していること。

a～h（略）

i　算定日が属する月の前３月間における入所者等のうち、次のいずれにも適合する者の占める割合が100分の10以上であること。

i　医師が一般的に認められている医学的知見に基づき回復の見込みがないと診断した者であること。

ii　入所者等又はその家族等の同意を得て、当該入所者等のターミナルケアに係る計画が作成されていること。

iii　医師、看護職員、介護職員、管理栄養士等が共同して、入所者等の状態又は家族等の求め等に応じ随時、入所者等又はその家族等への説明を行い、同意を得てターミナルケアが行われていること。

j　施設サービスの計画の作成や提供にあたり、入所者の意思を尊重した医療及びケアが実施できるよう、入所者本人の意思決定を基本に、他の関係者との連携の上対応していること。

ポイント

「人生の最終段階における医療・ケアの決定プロセスに関するガイドライン」のポイントは、本人・家族等の意見を繰り返し聞きながら、本人の尊厳を追求し、自分らしく最期まで生き、より良い最期を迎えるために人生の最終段階における医療・ケアを進めていくというプロセスにある。しかし、また一方で「話したくない」という意思尊重も重要。

06 高齢者施設等における感染症対応力の向上

介護老人福祉施設・地域密着型介護老人福祉施設入所者生活介護 10

07 施設内療養を行う高齢者施設等への対応

介護老人福祉施設・地域密着型介護老人福祉施設入所者生活介護 11

08 新興感染症発生時等の対応を行う医療機関との連携

介護老人福祉施設・地域密着型介護老人福祉施設入所者生活介護 12

09 業務継続計画未策定事業所に対する減算の導入

複

複数サービス共通 の①を参照

10 高齢者虐待防止の推進

複

複数サービス共通 の②を参照

11 認知症対応型共同生活介護、介護保険施設における平時からの認知症の行動・心理症状の予防、早期対応の推進

介護老人福祉施設・地域密着型介護老人福祉施設入所者生活介護 15

12 介護保険施設におけるリハビリテーション・機能訓練、口腔、栄養の一体的取組の推進

介護老人福祉施設・地域密着型介護老人福祉施設入所者生活介護 16

13 リハビリテーション・個別機能訓練、口腔管理、栄養管理に係る一体的計画書の見直し

» 通所介護・地域密着型通所介護 08 を参照

14 介護保険施設における口腔衛生管理の強化

» 介護老人福祉施設・地域密着型介護老人福祉施設入所者生活介護 18

15 退所者の栄養管理に関する情報連携の促進

» 介護老人福祉施設・地域密着型介護老人福祉施設入所者生活介護 19

16 再入所時栄養連携加算の対象の見直し

» 介護老人福祉施設・地域密着型介護老人福祉施設入所者生活介護 20

17 ユニットケア施設管理者研修の努力義務化

» 介護老人福祉施設・地域密着型介護老人福祉施設入所者生活介護 21

18 科学的介護推進体制加算の見直し

» 通所介護・地域密着型通所介護 10 を参照

19 自立支援促進加算の見直し

» 介護老人福祉施設・地域密着型介護老人福祉施設入所者生活介護 23

20 アウトカム評価の充実のための排せつ支援加算の見直し

» 介護老人福祉施設・地域密着型介護老人福祉施設入所者生活介護 25

21 アウトカム評価の充実のための褥瘡マネジメント加算等の見直し

≫ 介護老人福祉施設・地域密着型介護老人福祉施設入所者生活介護 26

22 介護職員の処遇改善

複 ≫ 複数サービス共通 の④を参照

23 テレワークの取扱い

複 ≫ 複数サービス共通 の⑤を参照

24 利用者の安全並びに介護サービスの質の確保及び職員の負担軽減に資する方策を検討するための委員会の設置の義務付け

≫ 介護老人福祉施設・地域密着型介護老人福祉施設入所者生活介護 29

25 介護ロボットやICT等のテクノロジーの活用促進

≫ 介護老人福祉施設・地域密着型介護老人福祉施設入所者生活介護 30

26 人員配置基準における両立支援への配慮

全 ≫ 全サービス共通 の①を参照

27 外国人介護人材に係る人員配置基準上の取扱いの見直し

複 ≫ 複数サービス共通 の⑥を参照

28 管理者の責務及び兼務範囲の明確化

全サービス共通 の②を参照

29 いわゆるローカルルールについて

全サービス共通 の③を参照

30 ユニット間の勤務体制に係る取扱いの明確化

介護老人福祉施設・地域密着型介護老人福祉施設入所者生活介護 35

31 多床室の室料負担

介護老人保健施設 38 を参照

32 長期療養生活移行加算の廃止

単位数

長期療養生活移行加算　60 単位 / 日  

33 基準費用額（居住費）の見直し

介護老人福祉施設・地域密着型介護老人福祉施設入所者生活介護 39

34 「書面掲示」規制の見直し

全サービス共通 の④を参照

介護予防・日常生活支援総合事業（第1号事業）

旧介護予防訪問介護、旧介護予防通所介護及び介護予防支援に相当するものに限る。
単位数は市区町村が決定します。

01 業務継続計画未策定事業所に対する減算の導入

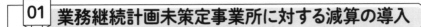

複数サービス共通 の①を参照

02 高齢者虐待防止の推進

複数サービス共通 の②を参照

03 身体的拘束等の適正化の推進

複数サービス共通 の③を参照

04 訪問系サービス及び短期入所系サービスにおける口腔管理に係る連携の強化（訪問型サービスのみ）

訪問介護 08 を参照

05 科学的介護推進体制加算の見直し（通所型サービスのみ）

通所介護・地域密着型通所介護 10 を参照

06 介護職員の処遇改善

複数サービス共通 の④を参照

07 テレワークの取扱い

複数サービス共通 の⑤を参照

08 人員配置基準における両立支援への配慮

全サービス共通 の①を参照

09 管理者の責務及び兼務範囲の明確化

全サービス共通 の②を参照

10 いわゆるローカルルールについて

全サービス共通 の③を参照

11 訪問介護における同一建物等居住者にサービス提供する場合の報酬の見直し（訪問型サービスのみ）

訪問介護 14 を参照

12 「書面掲示」規制の見直し

全サービス共通 の④を参照

13 特別地域加算、中山間地域等の小規模事業所加算及び中山間地域に居住する者へのサービス提供加算の対象地域の明確化（訪問型サービス、通所型サービスのみ）

複

≫ 複数サービス共通 の⑦を参照

14 特別地域加算の対象地域の見直し（訪問型サービスのみ）

複

≫ 複数サービス共通 の⑧を参照

15 通所系サービスにおける送迎に係る取扱いの明確化（通所型サービスのみ）

≫ 通所介護・地域密着型通所介護 21 を参照

第2章

他にも変わる！
改正・変更要点

介護保険改正の全体像

経済・人口ともに右肩上がりだった社会では様々な社会保障関連のサービスが拡充されてきました。しかし、それらが右肩下がりに転じ、広げすぎた風呂敷を収束したり、資源の配分を見直したりせざるを得ません。介護保険はそうした状況下での改正を繰り返しています。

2021年度改正では「地域共生社会の実現」をテーマとして、社会福祉領域における子供・高齢者・障害者などの諸課題に対し、包括的に対応しようとする見直しが行われました。そして、今般2024年度改正では、健康保険等の社会保障の観点から全世代を範疇とした法改正が行われます。

そして、介護関係では、医療分野同様に制度運用をデジタル技術によって効率化しようという改正が進められつつあります（DX化）。被保険者の介護保険に関する情報や介護サービス事業者の情報などをデジタル技術によって共有したり、利用できる仕組みづくりが医療保険と同様に進められようとしていますが、介護現場からはピンと来ない改正のように思われます。もとより、類似のシステムは介護保険では「介護サービス情報公表システム」が存在します。しかし、このシステムはほとんど利用されていません。令和3年の調査では、一般人の9割は、このシステムそのものを知らないからです※。また、健康保険証関係では、マイナンバーカード普及をめぐるドタバタも続いています。それらを見るにつけ、医療DX、介護DXといった耳障りの良い言葉が並びますが、効果の程には疑問が付きまといます。

その他では、地域包括支援センター（以下「包括センター」）を巡る改正が目立ちます。そこからは地方などの包括センターがパンク状態にあり、高齢化に介護保険が追いつけていない実情が垣間見えてきます。加えて、総合事業のサービスA（緩和した基準によるサービス）まで要介護者も利用しうる仕組みも整えるようです（省令改正）。これは保険給付ではない総合事業へサービスをシフトできる事を意味します。介護サービス不足に悩む地域では、好むと好まざるに関わらず、軽度者は介護給付ではなく総合事業を、つまりサービスの質低下を甘受せざるを得ない仕組みが醸成されつつあるといえそうです。

※ 株式会社エヌ・ティ・ティ・データ経営研究所（2022）『介護サービス情報の公表制度の効率的・効果的な活用方策に関する調査研究事業報告書』令和3年度老人保健健康増進等事業

全世代対応型の持続可能な社会保障制度を構築するための健康保険法等の一部を改正する法律（令和５年法律第 31 号）の概要【令和６年４月１日施行】

改正の趣旨

全世代対応型の持続可能な社会保障制度を構築するため、出産育児一時金に係る後期高齢者医療制度からの支援金の導入、後期高齢者医療制度における後期高齢者負担率の見直し、前期財政調整制度における報酬調整の導入、医療費適正化計画の実効性の確保のための見直し、かかりつけ医機能が発揮される制度整備、介護保険者による介護情報の収集・提供等に係る事業の創設等の措置を講ずる。

１．こども・子育て支援の拡充【健康保険法、船員保険法、国民健康保険法、高齢者の医療の確保に関する法律等】

①出産育児一時金の支給額を引き上げる※とともに、支給費用の一部を現役世代だけでなく後期高齢者医療制度も支援する仕組みとする。

※42 万円→ 50 万円に令和５年４月から引き上げ（政令）、出産費用の見える化を行う。

②産前産後期間における国民健康保険料（税）を免除し、その免除相当額を国・都道府県・市町村で負担することとする。

２．高齢者医療を全世代で公平に支え合うための高齢者医療制度の見直し【健保法、高確法】

①後期高齢者の医療給付費を後期高齢者と現役世代で公平に支え合うため、後期高齢者負担率の設定方法について、「後期高齢者一人当たりの保険料」と「現役世代一人当たりの後期高齢者支援金」の伸び率が同じとなるよう見直す。

②前期高齢者の医療給付費を保険者間で調整する仕組みにおいて、被用者保険者においては報酬水準に応じて調整する仕組みの導入等を行う。

　健保連が行う財政が厳しい健保組合への交付金事業に対する財政支援の導入、被用者保険者の後期高齢者支援金等の負担が大きくなる場合の財政支援の拡充を行う。

3. 医療保険制度の基盤強化等【健保法、船保法、国保法、高確法等】

①都道府県医療費適正化計画について、計画に記載すべき事項を充実させるとともに、都道府県ごとに保険者協議会を必置として計画の策定・評価に関与する仕組みを導入する。また、医療費適正化に向けた都道府県の役割及び責務の明確化等を行う。計画の目標設定に際しては、医療・介護サービスを効果的・効率的に組み合わせた提供や、かかりつけ医機能の確保の重要性に留意することとする。

②都道府県が策定する国民健康保険運営方針の運営期間を法定化（6年）し、医療費適正化や国保事務の標準化・広域化の推進に関する事項等を必須記載とする。

③経過措置として存続する退職被保険者の医療給付費等を被用者保険者間で調整する仕組みについて、対象者の減少や保険者等の負担を踏まえて廃止する。

4．医療・介護の連携機能及び提供体制等の基盤強化【地域における医療及び介護の総合的な確保の促進に関する法律、医療法、介護保険法、高確法等】

①かかりつけ医機能について、国民への情報提供の強化や、かかりつけ医機能の報告に基づく地域での協議の仕組みを構築し、協議を踏まえて医療・介護の各種計画に反映する。

②医療・介護サービスの質の向上を図るため、医療保険者と介護保険者が**被保険者等に係る医療・介護情報の収集・提供等を行う事業**を一体的に実施することとし、介護保険者が行う当該事業を地域支援事業として位置付ける。

③医療法人や介護サービス事業者に**経営情報の報告義務を課した上で当該情報に係るデータベースを整備**する。

④地域医療連携推進法人制度について一定の要件のもと、個人立の病院等や介護事業所等が参加できる仕組みを導入する。

⑤出資持分の定めのある医療法人が出資持分の定めのない医療法人に移行する際の計画の認定制度について、期限の延長（令和5年9月末→令和8年12月末）等を行う。　等

施行期日

令和６年４月１日（ただし、３①の一部及び４⑤は公布日、４③の一部は令和５年８月１日、１②は令和６年１月１日、３①の一部及び４①は令和７年４月１日、4③の一部は公布後３年以内に政令で定める日、４②は公布後４年以内に政令で定める日）

法案に対する附帯決議（介護関係抜粋）

全世代対応型の持続可能な社会保障制度を構築するための健康保険法等の一部を改正する法律案に対する附帯決議（抄）

（令和５年５月 11 日参議院厚生労働委員会）

一～九、（略）

十、医療法人及び介護サービス事業者の**経営情報に関するデータベース**の整備に当たっては、医療・介護従事者の適切かつ的確な処遇改善を図る観点から、**職種別の給与情報が可能な限り報告されるよう必要な取組**を進めるとともに、当該情報に係る本法施行後の報告状況を勘案しながら、**将来の報告義務化**を含めた対応を検討すること。また、当該データベースの報告対象となる医療法人及び介護サービス事業者に過度な事務負担が生じないよう、負担軽減策もあわせて講ずること。

十一、地域において効率的かつ質の高い医療提供体制を構築するとともに地域包括ケアシステムを構築することを通じ、地域における医療及び介護の総合的な確保の促進等を図る観点から、地域における医療及び介護の総合的な確保の促進に関する法律に基づく地方公共団体の計画策定に当たっては、ロジックモデル等のツールの活用を促すことなどを検討し、ＰＤＣＡサイクルに基づく計画の立案、評価及び見直しなど、実効的な計画の策定が行われるよう努めること。

十二、地域包括ケアシステムが適正に構築され、利用者に提供されるサービスが不当に偏ることのないよう、**高齢者施設等による訪問する医師の選定等における利益収受の禁止を徹底**するなど必要な取組を進めること。

十三、今後、高齢者の増加に加え現役世代の減少が加速することにより、介護人材の一層の不足が見込まれること等を踏まえ、**介護人材の処遇の改善や業務負担の軽減を図る**など介護人材の確保のための方策について検討し、速やかに必要な措置を講ずること。また、介護に従事する**外国人労働者が尊厳を持って安定的に就労・定着できるための措置**を講ずること。

十四、介護保険制度は、我が国社会保険制度の主柱であり、諸外国に範を示す制度として定着してきたことを踏まえ、今後は、三年を一期とした介護保険事業計画のサイクルに合わせた**制度改正に先立ち、給付と負担の在り方に関する議論の結論**を示すこと。また、制度改正に当たっては、あわせて**利用者の利便に資するための改革も検討し、所要の措置**を講ずること。

十五、（略）

十六、急速に進行する少子高齢化等により、国民の間に社会保障制度の持続可能性に対する不安が高まっている現状を踏まえ、持続可能な全世代対応型の社会保障制度を構築するため、**金融資産・金融所得を含む能力に応じた負担の在り方や保険給付の在り方等について、税制も含めた総合的な検討に着手し**、課題や論点等を分かりやすく示した上で国民的な議論を進め、結論が得られた事項について、速やかに必要な法制上の措置等を講ずること。

右決議する。

◆介護報酬改定の改定率の推移

改定時期	改定にあたっての主な視点	改定率
H15年度	○自立支援の観点に立った居宅介護支援（ケアマネジメント）の確立 ○自立支援を指向する在宅サービスの評価 ○施設サービスの質の向上と適正化	▲2.3%
H17年10月	○居住費（滞在費）に関連する介護報酬の見直し ○食費に関連する介護報酬の見直し ○居住費（滞在費）及び食費に関連する運営基準等の見直し	
H18年度	○中重度者への支援強化 ○介護予防、リハビリテーションの推進 ○地域包括ケア、認知症ケアの確立 ○サービスの質の向上 ○医療と介護の機能分担・連携の明確化	▲0.5% [▲2.4%] [ ]はH17年10月改定分を含む。
H21年度	○介護従事者の人材確保・処遇改善 ○医療との連携や認知症ケアの充実 ○効率的なサービスの提供や新たなサービスの検証	3.0%
H24年度	○在宅サービスの充実と施設の重点化 ○自立支援型サービスの強化と重点化 ○医療と介護の連携・機能分担 ○介護人材の確保とサービスの質の評価	1.2%
H26年度	○消費税の引き上げ（8%）への対応 ・基本単位数等の引き上げ ・区分支給限度基準額の引き上げ	0.63%
H27年度	○中重度の要介護者や認知症高齢者への対応の更なる強化 ○介護人材確保対策の推進 ○サービス評価の適正化と効率的なサービス提供体制の構築	▲2.27%

H29 年度	○介護人材の処遇改善	1.14%
H30 年度	○地域包括ケアシステムの推進 ○自立支援・重度化防止に資する質の高い介護サービスの実現 ○多様な人材の確保と生産性の向上 ○介護サービスの適正化・重点化を通じた制度の安定性・持続可能性の確保	0.54%
R1 年 10 月	○消費税の引き上げ（10%）への対応 ・基本単位数等の引き上げ ・区分支給限度基準額の引き上げ	2.13%
R3 年度	○感染症や災害への対応力強化 ○地域包括ケアシステムの推進 ○自立支援・重度化防止の取組みの推進 ○介護人材の確保・介護現場の革新 ○制度の安定性・持続可能性の確保	0.70%
R4 年 10 月	○介護人材の処遇改善	1.13%
R6 年度	○地域包括ケアシステムの深化・推進 ○自立支援・重度化防止に向けた対応 ○良質な介護サービスの効率的提供に向けた働きやすい職場づくり ○制度の安定性・持続可能性の確保	+1.59%※

※（内訳）介護職員の処遇改善分 ＋ 0.98％（令和６年６月施行）
　その他の改定率（※）＋ 0.61％

※賃上げ税制を活用しつつ、介護職員以外の処遇改善を実現できる水準
　また、改定率の外枠として、処遇改善加算の一本化による賃上げ効果や、光熱水費の基準費用額の増額による介護施設の増収効果として＋ 0.45％相当の改定が見込まれ、合計すると＋ 2.04％相当の改定となる

介護保険関係の主な改正事項

Ⅰ．介護情報基盤の整備

○医療保険者と介護保険者が、被保険者等に関する医療・介護情報の収集・提供等を行う事業を一体的に実施

▶被保険者、介護事業者その他の関係者が当該被保険者に係る介護情報等を共有・活用することを促進する事業を介護保険者である市町村の地域支援事業として位置付け

▶市町村は、当該事業について、医療保険者等と共同して国保連・支払基金に委託できることとする

※共有する情報の具体的な範囲や共有先については検討中

Ⅱ．介護サービス事業者の財務状況等の見える化

○介護サービス事業所等の詳細な財務状況等を把握して政策立案に活用するため、事業者の事務負担にも配慮しつつ、財務状況を分析できる体制を整備

▶各事業所・施設に対して詳細な財務状況（損益計算書等の情報）の報告を義務付け

※職種別の給与（給料・賞与）は任意事項

▶国が、当該情報を収集・整理し、分析した情報を公表

Ⅲ．介護サービス事業所等における生産性の向上に資する取組みに係る努力義務

○ 介護現場における生産性の向上に関して、都道府県を中心に一層取組みを推進

▶都道府県に対し、介護サービス事業所・施設の生産性の向上に資する取組みが促進されるよう努める旨の規定を新設など

Ⅳ．看護小規模多機能型居宅介護のサービス内容の明確化

○ 看多機について、サービス内容の明確化等を通じて、更なる普及を進める

▶看多機のサービス内容について、サービス拠点での「通い」「泊まり」における看護サービス（療養上の世話又は必要な診療の補助）が含まれる旨を明確化など

Ⅴ．地域包括支援センターの体制整備等

○ 地域の拠点である地域包括支援センターが地域住民への支援をより適切に行うための体制を整備

▶要支援者に行う介護予防支援について、居宅介護支援事業所（ケアマネ事業所）も市町村からの指定を受けて実施可能とするなど

1 介護情報基盤の整備（施行期日：公布後４年以内の政令で定める日）

現在、利用者に関する要介護認定や請求内容、ケアプラン等（介護情報等）は、各介護事業所や自治体等に分散していますが、自治体・利用者・介護事業所・医療機関等が電子的に閲覧できる情報基盤として整備されます（地域支援事業に位置付け）。市町村は、医療保険者等と共同して国保連・支払基金に委託もできます。

◆期待される効果

自治体	利用者が受けている自立支援・重度化防止の取組みの状況等を把握し、地域の実情に応じた介護保険事業の運営に活用。
利用者	利用者が自身の介護情報を閲覧できることで、自身の自立支援・重度化防止の取組みの推進に繋がる。
介護事業者・医療機関	本人同意の下、介護情報等を適切に活用することで、利用者に提供する介護・医療サービスの質を向上。

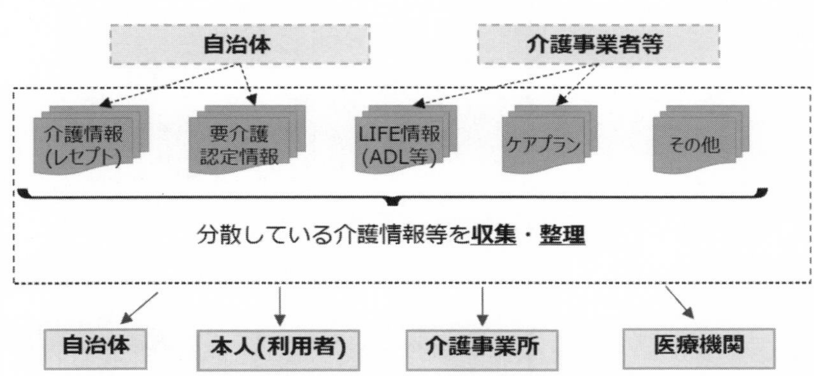

※共有する情報の具体的な範囲や共有先については2023年（未）時点では検討中。

参考：全国医療情報プラットフォームについて

国は介護情報の利活用に向けて、介護事業所・医療機関等で情報共有できる基盤である「全国医療情報プラットフォーム」の構築を目指しています。
これは、介護情報に限らず、医療情報をも包括するもので、国がデジタル技

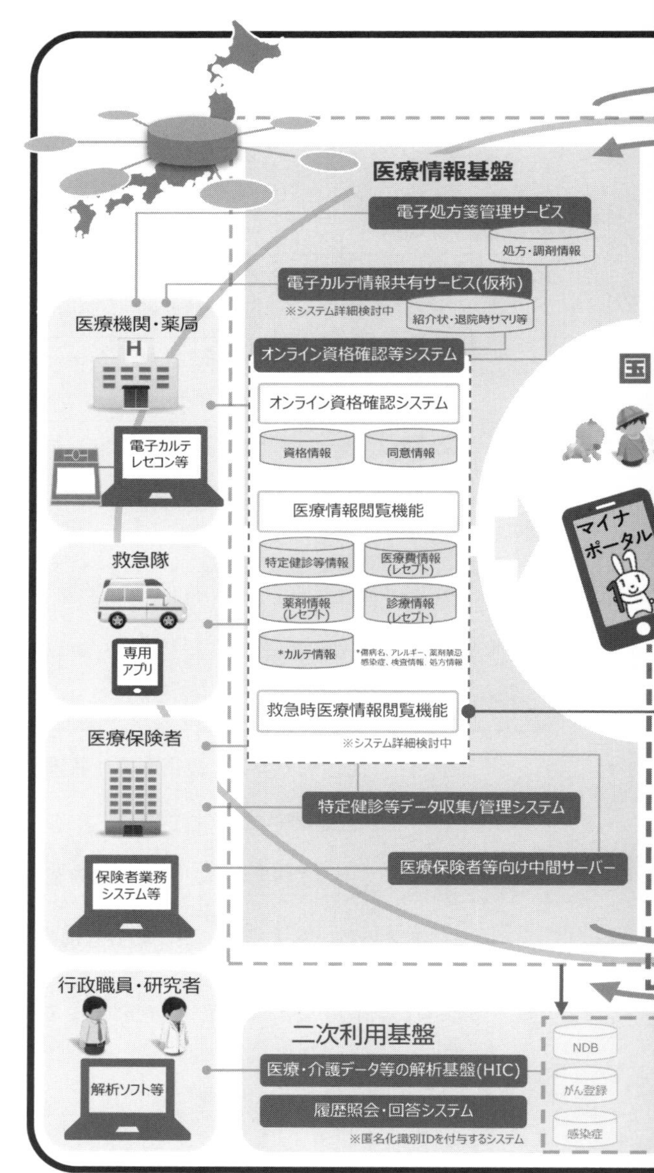

術によって、仕組みを作り直していこうとするもの（医療DX）の一環です。前述の介護情報基盤の整備もこの構想に組み入れられています。

出典：https://www.mhlw.go.jp/content/10808000/001140173.pdf
（一部改変）

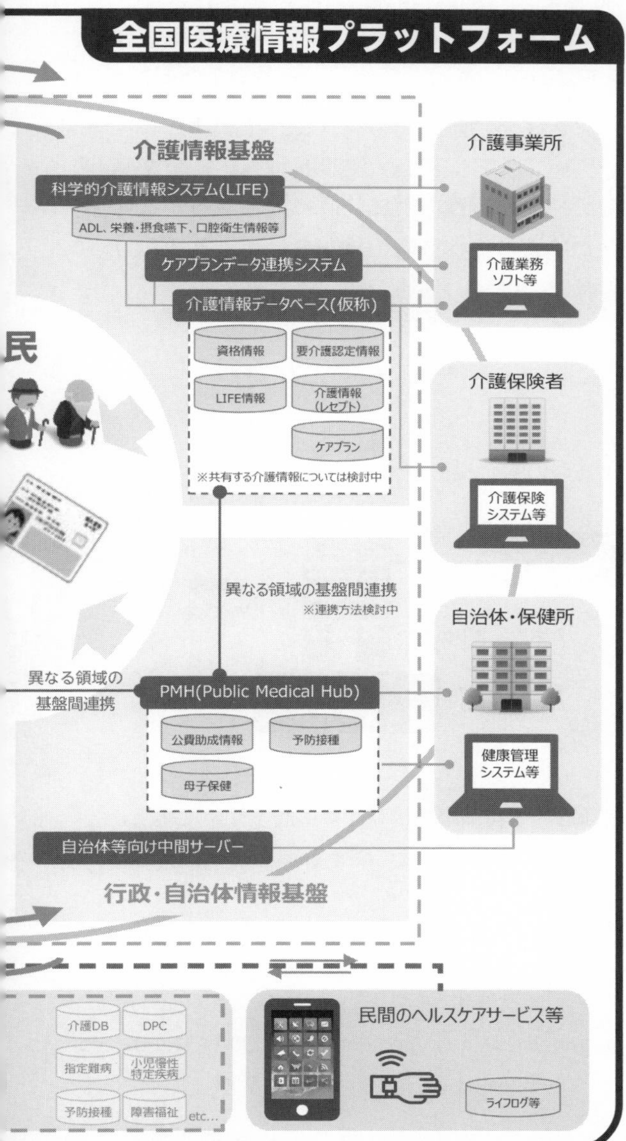

2 介護サービス事業者の経営情報の調査及び分析等

①介護サービス事業者の経営情報の収集及びデータベースの整備をし、②収集した情報を国民に分かりやすくなるよう属性等に応じてグルーピングした分析結果を公表する制度が創設されます。
その目的としては、介護報酬改定等に先立ち行われる介護事業経営実態調査を補完するねらいがあります。これにより、(ア) 2040 年を見据えた人口動態等の変化、(イ) 生産年齢人口の減少と介護現場における人材不足の状況、(ウ) 新興感染症等による介護事業者への経営影響を踏まえた支援、(エ) 制度の持続可能性などに的確に対応するとともに、(オ) 経営影響を踏まえた的確な支援策等の検討を行うことになります。

◆データベース運用のイメージ

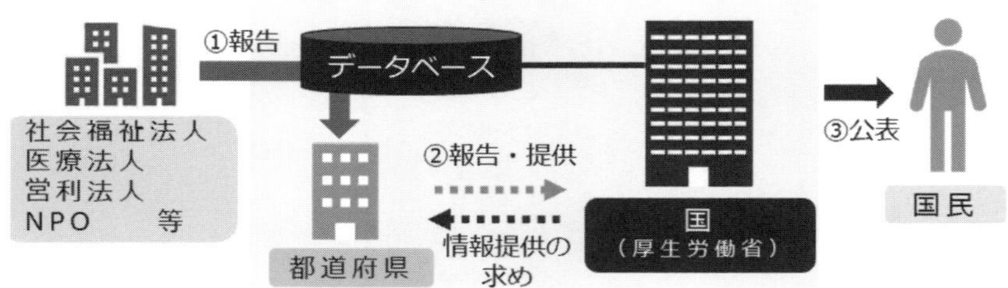

①介護サービス事業者は、毎会計年度終了後に経営情報を都道府県知事に報告。
②都道府県知事は、介護サービス事業者の経営情報に関する調査及び分析を行い、厚生労働大臣にも報告。
③厚生労働大臣は、介護サービス事業者の経営情報に関するデータベースを整備し、経営情報の把握・分析、結果の公表。

出典：https://www.mhlw.go.jp/content/12300000/001176038.pdf

対象	○原則、全ての介護サービス事業者が報告対象 ○ただし、小規模事業者等に配慮する観点から、事業所・施設の全てが以下のいずれかにあてはまる介護サービス事業者は報告対象から除外する ① 過去1年間で提供を行った介護サービスの対価として支払いを受けた金額が 100 万円以下のもの ② 災害その他都道府県知事に対し報告を行うことができないことにつき正当な理由があるもの
収集する情報	1) 事業所・施設の名称、所在地その他の基本情報 2) 事業所・施設の収益及び費用の内容 3) 事業所・施設の職員の職種別人員数その他の人員に関する事項 4) その他必要な事項 ※ 報告除外対象の事業所・施設（上記①・②）とそれ以外の事業所・施設を運営している場合、①・②を除く事業所・施設の報告を求める ◎上記の他、任意項目として「職種別の給与（給料・賞与）及びその人数」を求める（通知事項）
報告方法	●報告期限 毎会計年度終了後３月以内 ※ 初回に限り、令和６年度内に提出で可（附則により措置） ●報告手段 ① 電磁的方法を利用して自ら及び当該報告を受けるべき都道府県知事が同一の情報を閲覧することができる状態に置く措置を講ずる方法 ② その他厚生労働省老健局長が定める方法

3 介護サービス事業所等における生産性の向上に資する取組みに係る努力義務

介護現場における生産性向上の取組みについて、都道府県を中心に一層、推進するために以下が新たに規定されます。

①都道府県に対する努力義務規定の新設

都道府県に対し、介護サービスを提供する事業所または施設の生産性の向上に資する取組みが促進されるよう努める旨の規定を新設する。

②都道府県介護保険事業支援計画への追加

都道府県介護保険事業支援計画の任意記載事項に、介護サービス事業所等の生産性の向上に資する事業※に関する事項を追加する。

※なお、具体的な事業としては、生産性向上に関するワンストップ型の総合相談センターの運営など（介護生産性向上推進総合事業）が想定されています。

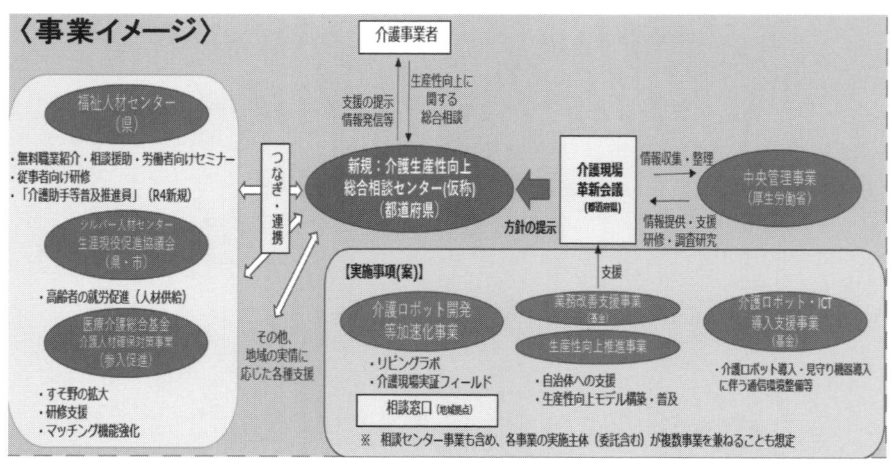

出典：https://www.mhlw.go.jp/content/12300000/001027168.pdf

4 看護小規模多機能型居宅介護のサービス内容の明確化

これまで、看護小規模多機能型居宅介護については、法令上「訪問看護及び小規模多機能型居宅介護」と定義されていました。つまり、看護サービスは「訪問」により提供されるという解釈が成り立ち、小規模多機能の拠点においては提供されないという読み取りも可能でした。しかし、実際には、事業所の拠点においても看護サービスの提供がされているため、実態に合わせて法規定が改正されました。

◆新たな定義

訪問看護及び小規模多機能型居宅介護を一体的に提供することにより、居宅要介護者について、その者の居宅において、又は（介護保険法第８条）第 19 項の厚生労働省令で定めるサービスの拠点に通わせ、若しくは短期間宿泊させ、日常生活上の世話及び機能訓練並びに療養上の世話又は必要な診療の補助を行うもの

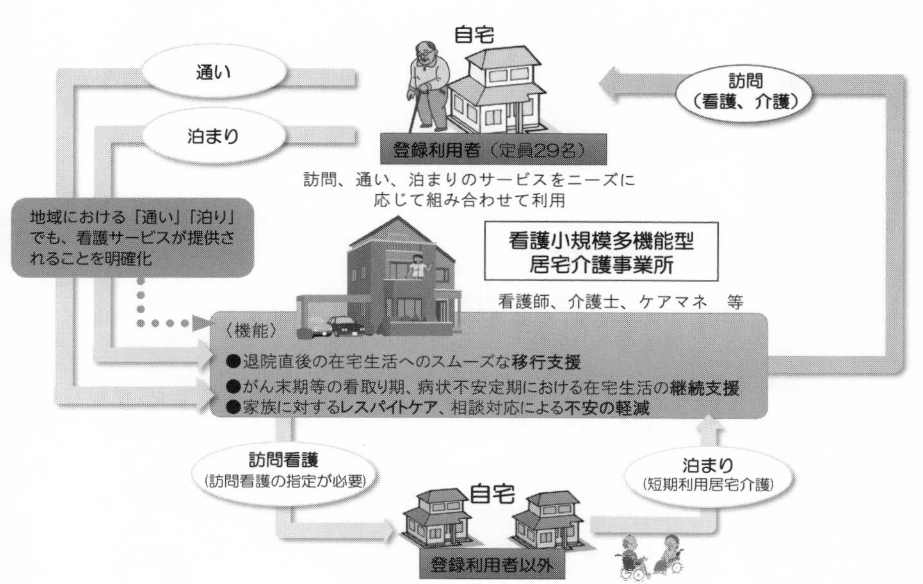

厚生労働省資料を筆者改変

5 ケアマネ事業所が介護予防支援の指定対象に

要支援者に行う介護予防支援について、地域包括支援センター（以下「包括センター」）に加えて、居宅介護支援事業所（ケアマネ事業所）も市町村からの指定を受けて実施できるようになります（従前どおり居宅介護支援事業所に委託する方法も可）。

一方で、介護予防・日常生活支援総合事業における第１号介護予防支援事業（いわゆる介護予防ケアマネジメント）については、居宅介護支援事業所が直接、実施することはできず、地域包括支援センター（もしくは包括センターからの委託）によって行われます。なお、介護予防支援の指定を受けたケアマネ事業所は、市町村や地域包括支援センターとも連携を図りながら実施します。

なお、これに伴い介護予防サービス計画もケアプラン点検の対象となります。

ケアマネジメントの種類	指定対象	利用サービス	地域包括支援センターからケアマネ事業所への委託の可否
第１号介護予防支援事業（介護予防ケアマネジメント）	地域包括支援センター	介護予防・日常生活支援総合事業における ●訪問型サービス ●通所型サービス ●生活支援サービスなど ※市町村によって異なる	可能
介護予防支援	●地域包括支援センター ●新居宅介護支援事業所	●介護予防訪問看護 ●介護予防通所リハビリテーション ●介護予防福祉用具貸与 など	可能

6 包括センターの総合相談（一部）をケアマネ委託可能に

地域包括支援センターで働く者の約 10 人に 1 人が過労死ラインで働いている実態もあることから、総合相談支援業務について、市町村等は、その一部をケアマネ事業所等に委託することが可能となります。（委託を受けたケアマネ事業所は、市町村等が示す方針に従って、業務を実施）当該業務の運営に要する経費については、地域支援事業交付金（重層的支援体制整備事事業交付金）の対象となります。

一部委託を受けることのできる者（介護保険法施行規則の改正）
●指定居宅介護支援事業者 ●老人介護支援センターの設置者 ●一部事務組合又は広域連合を組織する市町村 ●医療法人・社会福祉法人・特定非営利活動法人 ●その他市町村が適当と認めるもの （地域包括支援センターの設置者を除く）
人員配置基準上の取り扱い
●人員配置基準上、利用者の処遇に支障がない場合等に同一敷地内にある他の事業所の職務に従事することが可能とされている場合は、支障がない範囲で兼務可能 ●人員配置基準上、専従が求められている職種に従事していない勤務時間帯は当該従事者が総合相談支援事業に従事可能 ●通所介護等の生活相談員については「利用者の地域生活を支える取組みのために必要な時間」として本来業務の一環として行うことが可能

例

居宅介護支援事業所等の管理者	管理上支障がない場合は同一事業所の他の職務として兼務可
居宅介護支援事業所等の介護支援専門員	専従規定はないため兼務可（兼務時間を含めて介護支援専門員の勤務時間としてカウント可）
小規模多機能型居宅介護事業所の介護支援専門員	当該業務に従事する時間帯以外は総合相談支援事業に従事可

7 その他、地域包括支援センターの業務負担の軽減や質の向上に係る取組みについて

① 3 職員配置条件の緩和

「人材確保が困難となっている現状を踏まえ、3 職種の配置は原則としつつ、センターによる支援の質が担保されるよう留意した上で、複数拠点で合算して 3 職種を配置することや、「主任介護支援専門員その他これに準ずる者」の「準ずる者」の範囲の適切な設定など、柔軟な職員配置を進める（介護保険法施行規則の改正等）。

② 条件付きで介護予防ケアマネジメント A のモニタリング期間延長

「総合事業において、従前相当サービス等として行われる介護予防ケアマネジメント A について、利用者の状態像等に大きな変化がないと認められる場合に限り、モニタリング期間の延長等を可能とすることが適当である」とされたところ。介護保険部会の意見を踏まえ、今年度中に「介護予防・日常生活支援総合事業のガイドライン」等の改正を予定。

ミニコラム

246 頁の「ケアマネ事業所が介護予防支援の指定対象に」について、例えば、利用者が介護予防福祉用具と通所型サービス（総合事業）の二つを利用する場合は、今改正で新たに指定を受けた居宅介護支援事業所が直接、利用者と契約を締結し、ケアプランを作れます。しかし、その後、ケアプランが変更となり通所型サービス（総合事業）だけになった場合は、従前の通り地域包括支援センターと契約を結び直し、第 1 号介護予防支援事業（介護予防ケアマネジメント）になるルールになっています（Q&A の有無要確認）。これでは、利用者にとってはケアプラン作成事業所がコロコロ変わる恐れがあり注意が必要です。

8 介護給付適正化主要５事業の見直し

給付適正化主要５事業について、効果的・効率的な事業とするべく３事業に再編されます。具体的には、「介護給付費通知」を任意事業として位置付けるとともに、「住宅改修の点検、福祉用具購入・貸与調査」を「ケアプラン点検」に統合し、これに「要介護認定の適正化」「医療情報との突合・縦覧点検」を合わせた３事業を給付適正化主要事業として再編されます。再編後の３事業については、実施率100％を目指すとともに、最低限に取組むべき事業を明確化することにより、適正化事業に着手できていなかった小規模保険者等の事業実施を促進し、地域差の改善を図ります。

事業	見直しの内容
要介護認定の適正化	●要介護認定の平準化を図る取組みを更に進める。
ケアプランの点検	●一本化する。 ●国保連からの給付実績帳票を活用し、費用対効果が期待される帳票に重点化する。 ●小規模保険者等にも配慮し、都道府県の関与を強める（協議の場で検討）。
住宅改修等の点検・福祉用具購入・貸与調査	
医療情報との突合・縦覧点検	●費用対効果が期待される帳票に重点化する。 ●小規模保険者等にも配慮し、国保連への委託を進める（協議の場で検討）。
介護給付費通知	●費用対効果が見えにくいため、主要事業から除外し、任意事業とする。

➡

見直し後
要介護認定の適正化
ケアプランの点検 住宅改修等の点検・福祉用具購入・貸与調査
医療情報との突合・縦覧点検

9 介護サービス情報公表制度への財務諸表等掲載

介護サービス事業者における財務諸表の公表について

242頁「介護サービス事業者の経営情報の調査及び分析等」と合わせて、インターネット上の介護サービス情報公表制度に、介護サービス事業者の財務諸表を掲載することが規定されます（省令改正）。

公表される財務諸表については、事業活動計算書（損益計算書）、資金収支計算書（キャッシュフロー計算書）、貸借対照表（バランスシート）となる見込み（通知事項）。

また、公表にあたっては、原則として、介護サービス事業所または施設単位となります。ただし、拠点や法人単位で一体会計としており、事業所または施設単位での区分けが困難な事業者においては、拠点単位や法人単位での公表が可能となります。その際、公表対象が明確となるよう、当該会計に含まれている事業所または施設を明記することが合わせて求められます。

一人当たり賃金の公表について

一人当たり賃金の公表については、任意での公表情報となります。また、都道府県知事が、情報の提供を希望する介護サービス事業者から提供を受けた情報について「公表を行うよう配慮する」情報として明確化されます（省令改正）。

公表にあたっては、事業所や施設の特性に応じ、設置主体や職種、勤続年数等が分かるような形での公表が可能です（通知事項）。

公表は原則として、介護サービス事業所または施設単位。ただし、介護サービス事業者の希望に応じ、法人単位での公表も可能です。その場合、含まれている介護サービス事業所または施設を明記することが合わせて求められます。

介護保険法施行規則の改正

（法第115条の44の厚生労働省令で定める情報）
第140条の62の2　法第115条の44の厚生労働省令で定める情報は、介護サービスの質及び労働時間、賃金その他の介護サービスに従事する従業者に関する情報（介護サービス情報に該当するものを除く。）として都道府県知事が定めるものとする。

10 総合事業がモデルチェンジ

省令や告示などの改正ですが、総合事業もかなり変わります。今後、起こり得る介護サービスの不足を補完するべく、専門職以外の支援の担い手や地域の産業などを社会資源として組み込んでいこうとする性格が強くインパクト大です。「継続利用要介護者」の概念は前回改正より登場していますが、今後、注視が必要です。

総合事業の主な変更点 ①

■ 高齢者が地域で日常生活をおくるために選択するという視点に立ったサービスの多様なあり方

➡ 現行のガイドラインで例示するサービスＡとサービスＢは“誰が実施主体か”で分類（交付金との関係あり）

➡ 予防給付時代のサービス類型を踏襲、一般介護予防事業や他の施策による活動と類似する活動もある

▶“サービスのコンセプト”を軸とする分類も検討

例）・高齢者が担い手となって活動（就労的活動含む）できるサービス
　　・高齢者の生活支援を行うサービス

▶訪問と通所、一般介護予防事業、保険外サービスなどを組み合わせたサービス・活動モデルを例示

▶高齢者の生活と深く関わる移動・外出支援のための住民活動の普及

■ 継続利用要介護者※が利用可能なサービスの拡充（認知症施策や就労促進にも寄与）

➡ 要介護や認知症となっても地域とのつながりを持ちながら自立した日常生活をおくることができるよう対象を拡大

▶現行の利用対象サービスをサービスＡに拡大するとともに、サービスＢの補助金ルールを見直し

※**継続利用要介護者**：総合事業の補助（助成）により実施されるサービスについて、要介護認定による介護給付に係る居宅サービス等を受ける前から継続的に利用する要介護者のこと。

総合事業の主な変更点②

■ 市町村がアレンジできるよう多様なサービスモデルを提示

➡ 支援パッケージを活用し、総合事業の基本的な考え方やポイントを提示
➡ 新たな地域づくりの戦略を公表し、具体的なイメージを提示
➡ ガイドライン等で総合事業の運営・報酬モデルを提示

■ 地域の多様な主体が総合事業に参画しやすくなる枠組みの構築

➡ 国や都道府県に生活支援体制整備事業プラットフォームを構築し、民間や産業との接続を促進
➡ 生活支援体制整備事業の活性化を図るため、民間や産業と地域住民をつなげる活動を評価
➡ 商業施設等も参画しやすくするための取組み（事業が行われる居室の採光のあり方）を検討

■ 高齢者や家族に多様なサービスを選んでもらうための介護予防ケアマネジメント

➡ 多様なサービスの利用対象者モデルを提示
➡ 多様なサービスを組み合わせて支援するケアプランモデルを提示
➡ 高齢者を社会参加につなげた場合や、孤立する高齢者を地域の生活支援につなげた場合の加算の例示（推奨）
➡ 地域のリハ職と連携して介護予防ケアマネジメントを行った場合の加算の例示（推奨）
➡ 介護予防ケアマネジメントの様式例に従前相当サービスを選択した場合の理由を記載する欄を追加

■ 総合事業と介護サービスを切れ目なく地域で提供するための計画作り

➡ 評価指標に、専門人材がより専門性を発揮し、必要な支援を提供するための体制を確保する視点を導入

第3章

今後の制度・業界の行方と対応

1 「多様な人材の確保・育成」策の落とし穴

今後、ますます進展する少子高齢化について、介護職員の圧倒的な不足が予測されています。

国においては、

①介護職員の処遇改善、**②多様な人材の確保・育成**、**③離職防止・定着促進・生産性向上**、④介護職の魅力向上、⑤外国人材の受入環境整備など、総合的な介護人材確保対策に取組む、としています。

しかしながら、①については、これまでも何度か処遇改善策を講じてきましたが、未だ全産業の平均賃金とは7万円近い差があります。④の効果も疑わしいし、⑤についても積極性はありません。となると、残る②③が非常に重要になってくると思われます。

そこで、②「多様な人材の確保・育成」について詳述すると、**「介護助手」の活用が検討され**、特定施設入居者生活介護では、生産性向上への取組みと絡めて、人員緩和策の施行が決定しました。なお、「介護助手」とは、食事介助や排せつ介助といった身体介護ではなく、それ以外の例えば、施設などでは、ゴミ出しやベッドメイキング、洗濯などを行うものです。

第8期介護保険事業計画に基づく介護職員の必要数

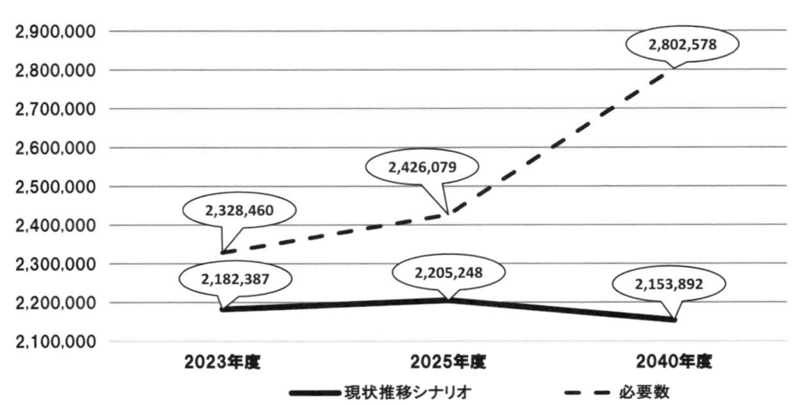

出典：https://www.mhlw.go.jp/stf/houdou/0000207323_00005.html
上記を元に筆者作成

その背景には、『介護助手を導入することにより、役割分担・機能分化を行い、**介護職員が実施すべき本来業務（利用者へのケア）に注力できる体制や時間を創出する』とねらいがあります。**

要するに食事や入浴、排せつなどの介助といった高度な介護技術が必要な業務は介護職員が担い、ゴミ出しやベッドメイキングなどを介護助手などに委ねようとするものです。

こうした介護現場の一部の分業化は、筆者が特別養護老人ホームで働いていた25年以上前からありました。老人保健健康増進等事業による調査では、導入率51.1%としていますが、多くは以前より導入していたものと思われます（「介護助手等の導入に関する実態及び適切な業務の設定等に関する調査研究事業報告書」）。

また、上記調査事業では、「整髪・ドライヤーがけ」「利用者の話し相手」等の部分的に直接、利用者と関わる業務なども分業化の候補に挙げています。ここには介護で行われる業務や行為を細かく分業化しようとする意図が感じられます。しかし、介護の分業化は認知症ケアで重要視される「なじみの人間関係」によるケアが重要という大原則と矛盾します。例えば認知症の老人は、入浴介助において、Aという介護職が服を脱ぐのを手伝ってくれるから、その後の入浴時の洗体や洗髪も安心して任せてくれるのです。それを更衣は職員A、洗体は職員B、入浴後のドライヤーは職員Cと、職員が入れ代わり立ち代わりになることは、認知症老人の気持ちを不安にさせやすく、かえって介護職員の手間を要するものとなる可能性があります。

分業化を推奨するイメージ（厚生労働省）

介護助手や介護の分業といった「役割分担・機能分化」の方策への疑義は、これだけではありません。そもそも、介護を細かく分業化した行く先には、「介護の作業化」があります。そこでは､効率化重視により利用者とのコミュニケーションも取りづらく、**介護職員にとってもやりがいのない仕事と化すおそれがあります。**

下のグラフは介護労働者（介護支援専門員含む）への入職動機に関する調査です。これによれば、介護職員の入職動機の多くが金銭ではなく、「働きがい」であることは一目瞭然です。その点、先に書いたような介護の分業や介護の作業化は、その働きがいややりがいを損なうリスクが非常に高く、介護職員の定着どころか離職を促進させかねないため慎重な検討が必須です。

なにより、離職の理由として、最多は「職場の人間関係」です（右図参照)。にもかかわらず、今改正でも、この問題への対策が非常に手薄です。強いていうならば、介護職員処遇改善加算における職場等環境要件は多少見直すようですが､「生産性向上及び経営の協働化に係る項目」が中心とのことで成果は期待できそうにありません。

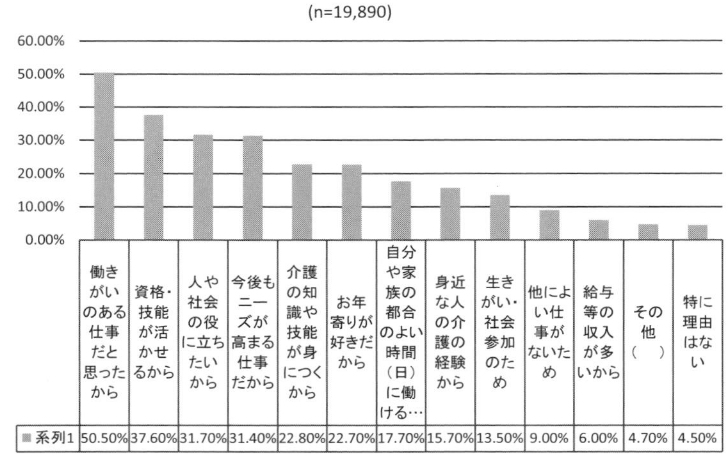

令和４年度介護労働実態調査（(公財) 介護労働安定センター）を元に筆者作成

直前職（介護関係の仕事）をやめた理由（複数回答）

（直前職の職種について「介護関係職種」と回答した人を対象に直前職の離職の理由を調査）

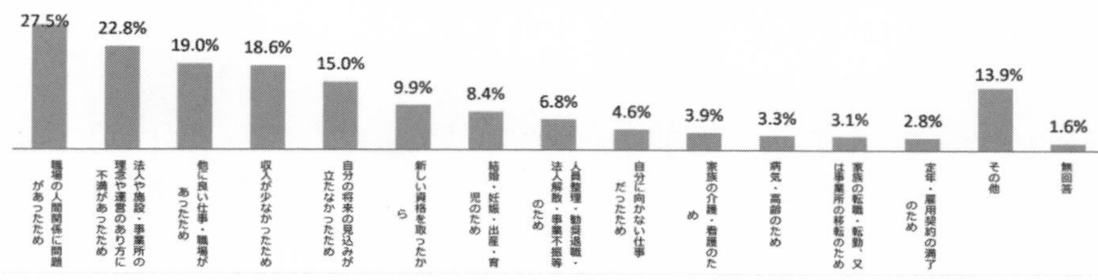

出典：令和４年度介護労働実態調査（(公財) 介護労働安定センター）

2 自立支援と科学的介護の矛盾

① 報酬体系の簡素化議論の無理筋

創設当初は1,760個だった介護報酬のサービスコードが令和５年には2万1,884個にのぼっています。こうした複雑すぎる制度や報酬体系の簡素化は以前より問題としてあがってきていましたが、一向に減る気配はありません。せいぜい、算定率の低い加算が廃止され、算定率の高い加算が基本報酬に内包される程度です。

これら加算や減算の多くについて、これまでは、一定の手間暇（プロセス）などを評価するものと職員配置（ストラクチャー）を評価するものが占めていました。基になっているのは、医療の質などを測る際に多用される「ドナベディアン・モデル」であり、その考え方が変わらない限り、加算や減算が簡素化される可能性は極めて低いでしょう。報酬改定に向けて、今回も簡素化議論が浮上しましたが、大きな見直しはありませんでした。

一方、ドナベディアン・モデルにおける評価上の「アウトカム」について、

サービスコード数の変化

	平成 12 年（当初）	令和５年
合計	1.760	21.884

※特定入所者介護サービス費を含む

介護報酬では、これまで多くは存在しませんでした。背景としては、80代、90代の要介護認定を受けた老人が、自然の摂理にあらがい、改善していくことへの違和感があったのではないかと考えます。

ところが、令和3年度の報酬改定では、健康状態やADLの改善などのいわゆる「アウトカム」を評価する加算が激増しました。なぜでしょうか。それは、要介護度の重度化と介護給付費の増額は比例しており、要介護度の重度化に健康状態やADLの悪化は直結するからであろうことは想像に難くありません。このアウトカム評価の背景には、国が推進する「科学的介護」があります。

② 改めて科学的介護とは

改めて科学的介護について確認すると、厚生労働省は「科学的裏付け（エビデンス）に基づく介護」と説明しており、科学的根拠（エビデンス）に基づく医療（Evidence-Based-Medicine：EBM）の影響を色濃く受けています。

しかし、EBMと違い、科学的介護の思想は非常に表層的で薄っぺらいといえます。例えば、科学的介護の説明資料として、3メートルしか自力歩行できなかった老人が20メートル歩けるようになることを「良い」と評価するサンプルが示されています。認知症で徘徊をする老人を介護する家族にしてみれば、「身体面だけで自立を決めるな」と噴飯する向きもある点ですが、そうした多様で一人ひとり異なる介護観や自立のあり方がここにはありません。

また、科学的介護に関する加算として、褥瘡（じょくそう）管理への取組みや状態改善（アウトカム）などを評価する褥瘡マネジメント加算や、排せつ時の介護量の増減、オムツ使用の有無などを評価する排せつ支援加算などが代表的です。これも統計学上の変数として扱いやすいデータをクローズアップしているもので、「木

を見て、森を見ず」です。

では、介護保険制度における「森」とは何でしょうか。その目的は何であるのかを次に見てみましょう。

③ 介護保険の目的は要介護度の改善ではない

原点に立ち返り見ると、介護保険の目的は「要介護度の改善」ではありません。では、介護保険法の第1条にある目的を見てみましょう。

> （目的）
> 第1条 この法律は、加齢に伴って生ずる心身の変化に起因する疾病等により要介護状態となり、入浴、排せつ、食事等の介護、機能訓練並びに看護及び療養上の管理その他の医療を要する者等について、これらの者が尊厳を保持し、その有する能力に応じ自立した日常生活を営むことができるよう、必要な保健医療サービス及び福祉サービスに係る給付を行うため、国民の共同連帯の理念に基づき介護保険制度を設け、その行う保険給付等に関して必要な事項を定め、もって国民の保健医療の向上及び福祉の増進を図ることを目的とする。

ここでうたわれているとおり、介護保険の目的は要介護者の「尊厳の保持」と「有する能力に応じ自立した日常生活を営むこと」です。本来であれば、この目的への成果に対して介護報酬が支払われるべきでしょう。一部の健康指標などに対してではなく。

さらに、この目的を細かく見ると、前者「尊厳の保持」については、身体拘束や高齢者虐待の禁止などが介護サービスには課されています。しかし、後者「有する能力に応じ自立した日常生活を営むこと」については、明確な定義も基準も明らかにされていません。

つまり、自立に資する介護サービスとは何であるのかが、曖昧なままなのです。もっとも、喫煙が唯一の嗜好（しこう）である90歳の老人から「健康によくない」と取り上げることが自立支援に値しないことは、誰しも想像に難くないでしょう。いや、それは尊厳の保持にさえ影響する事柄かもしれません。

④ 木としての加算、森としての自立

「自立」の何たるかは、一人ひとり異なる部分が多く、画一的な定義は困難です。だからこそ、介護の現場では、一人ひとりの老人の「その人らしい」支援を模索して、日々、努力を繰り返しているわけです。そこに、介護の難しさとやりがいも同居しています。

例えば、その一例として、介護施設などでは、老人が人生の最終章を送るにあたり、どのような生活を、時にはどのような最期を望んでいるのかを知るために、老人と深く関わったり、日々の喜怒哀楽をともに過ごします。そうした働きかけも含めて、すべてが自立の支援であり、評価の対象すなわち加算や減算の対象とすべきものであるはずです。しかし、それらの評価は、現状は基準などが確立しておらず、採用されていません。

結果として、単純化しやすい「ストラクチャー」「プロセス」「アウトカム」だけが評価の対象になっているのが現状です。

その意味で、表面的な加算ばかりを追い求めることは、本来の「森」である老人の自立支援を見失う危険性が非常に大きいのではないでしょうか。しかし、経営を安定化させたいがために、加算などはなるべく取得せよ、と上司から言われかねません。国が認めた加算ですから、取得することが「良い介護」だと考えたり、健康面の自立こそが老人の自立といった薄っぺらな介護観に陥る危険性をはらんでいます。

特に介護の本質を顧みず、経営観点からしか考えられないような業界コンサルタントなどが、声高に「科学的介護に熱心に取り組め！」と吹聴するかもしれません。しかし、科学的介護は、介護の質の低下というブーメランとなる危険性を秘めており、目の前の老人の笑顔が減っていないかを自問していくことが重要だと思います。

（参考：議員 navi（https://gnv-jg.d1-law.com/login/article/20231025/57191/））

3 時計の針を逆戻り～総合相談のケアマネ委託

介護保険法改正と地域包括支援センター

総合相談の一部をケアマネ事業所等に委託可能とすることについて、その理由を「地域住民の複雑化・複合化したニーズへの対応、認知症高齢者の家族を含めた家族介護者支援の充実など、地域の拠点である地域包括支援センター（以下「包括センター」）への期待や業務は増大」しているためとしています。

この改正については（筆者の職場でもあり）、高齢者虐待などが増加するのではないかと案じています。その理由を以下に示したいと思います。

総合相談の例

例えば、市民から「高齢者と息子の同居世帯の家から、毎晩、息子の怒鳴り声が聞こえるので高齢者虐待ではないかと心配です」といった相談が包括センターに舞い込むことはめずらしいことではありません。そして、その怒鳴り声の原因が、親の介護に伴う負担であり、それを介護保険サービスで取り除くことができるなら、ケアマネジャーが相談に乗ることで問題は解決するかもしれません。

しかし、世帯の問題というのは十人十色であり、怒鳴り声の原因は介護とは関係ないかもしれません。例えば、高齢の親は元気だが、息子のほうに精神疾患があるようなケースがあるとしましょう。そこでは、息子は自分の服薬管理が不十分で、怒鳴り声をあげているのかもしれません（「8050」問題がクローズアップされているように、こうしたケースはめずらしくありません）。

ケアマネ業務との乖離（かいり）

この後者のケースに対して、総合相談先である包括センターがとるべき対応とはどういったものでしょうか。「高齢者の問題ではないから関係ない」と切り捨てるわけにはいかないでしょう。

となると、このケースの息子が何らかの支援を必要とするか否かを慎重に見極めた上で、仮に支援を必要としている場合には、適切な支援機関へつなげていくことが求められるのではないかと思います。

当然、このような対応をする上では、介護に関する知識だけでなく、精神疾患やそれを支援する機関や制度などの知識も必要になってきます。それだけでなく、経済的困窮や就労に関する問題も関係しているかもしれません。

また、先方から相談に来ているわけでもないケースに対して、以上のようなことを情報収集したり、アセスメントするのは非常に難しく、空振りに終わることもあります。

つまり、包括センターに舞い込む総合相談では、非常に広い守備範囲が求められ、介護保険を主戦場とするケアマネジメントとは対照的です。

受託対象としては、指定居宅介護支援事業者（ケアマネ事業所）、老人介護支援センター（在宅介護支援センター）の設置者、医療法人・社会福祉法人・特定非営利活動法人などが想定されています。顧客の囲い込みという点では、ケアマネ事業所や在宅介護支援センターが名乗りを挙げる割合が高くなると思われます。

時計の針を逆戻り

しかし、歴史的背景から考えても、ケアマネ事業所が総合相談を請け負うのは困難であることが推察されます。というのも、平成18年度に包括センターが誕生するまでは、同様の役割を在宅介護支援センター（老人福祉法）が期待されていました。しかし、在宅介護支援センターはケアマネ事業所も併設していたために、結果的にケアプラン作成とケアマネジメント業務のウエイトが大きくなりました。

つまりケアマネ事業所と役割がほとんど一緒になってしまい、総合相談の機能やケアマネジャー支援、地域全体のマネジメントといった本来、期待されていた役割が不十分であったり、曖昧であることが問題となったのです（厚生労働省 2004.09）。ですから、包括センターは次のコンセプトが設定されました（厚生労働省 2004.07）。

① 地域の高齢者の実態把握や、虐待への対応など権利擁護を含む「総合的な相談窓口機能」
②「新・予防給付」のマネジメントを含む「介護予防マネジメント」
③ 介護サービスのみならず、介護以外の様々な生活支援を含む「包括的・継続的なマネジメント」

以上、見てきたように、包括センターは、総合相談などの機能と（要介護認定者の）ケアマネジメントを切り離す必要性を背景に誕生した経緯があります。にもかかわらず、次期改正において総合相談をケアマネ事業所や在宅介護支援センターへ委託可能とすることは、時計の針を巻き戻すことになります。それは、結果的に在宅介護支援センターと同じ轍を踏む可能性を秘めており、虐待ケースなどへの支援不足などに注意を払っていく必要があると考えます。

■参考文献

◇厚生労働省（2004.09）「全国介護保険担当課長会議資料」（2004年9月14日）（https://www.mhlw.go.jp/topics/kaigo/kaigi/040914/index.html）

◇厚生労働省（2004.07）社会保障審議会介護保険部会「介護保険制度の見直しに関する意見」（2004年7月30日）（https://www.mhlw.go.jp/shingi/2004/07/dl/s0730-5a.pdf）

4 令和3年度改定のうち令和5年度末で経過措置が終了予定だった事項

名称	対象サービス	経過措置に係る要件（概要）
【基準】 衛生管理等	全サービス	介護職員その他の従業者に対し、感染症の予防及びまん延防止のための訓練を定期的に実施すること。
【基準】 業務継続計画の策定等	全サービス	感染症や非常災害の発生時において、利用者に対するサービスの提供を継続的に実施するための、及び非常時の体制で早期の業務再開を図るための計画を策定した上で、従業者に対して周知するとともに、必要な研修及び訓練を定期的に実施しなければならない。また、定期的に業務継続計画の見直しを行い、必要に応じて業務継続計画の変更を行うものとする。 ※訪問系サービス、福祉用具貸与、居宅介護支援については、令和7年3月31日までの間、減算を適用しない。
【基準】 認知症に係る基礎的な研修を受講させるために必要な措置	全サービス ※無資格者がいない訪問系サービス（訪問入浴介護を除く）、福祉用具貸与、居宅介護支援を除く	介護に直接携わる職員のうち、医療・福祉関係の資格を有さない者について、認知症介護にかかる基礎的な研修を受講させるために必要な措置を講じなければならない。
【基準】 虐待の防止	全サービス	虐待の発生又はその再発を防止するための対策を検討する委員会の定期的な開催、指針の整備、研修の定期的な実施及び担当者の配置。防止措置が講じられていない場合は減算（福祉用具貸与については、3年間の経過措置期間）。
【基準】 口腔衛生の管理	施設	口腔衛生の管理体制を整備し、各入所者の状態に応じた口腔衛生の管理を計画的に行うこと。なお、「計画的に」とは、歯科医師又は歯科医師の指示を受けた歯科衛生士が、介護職員に対する口腔衛生の管理に係る技術的助言及び指導を年2回以上実施すること。
【報酬】 栄養管理	施設	栄養マネジメント加算の要件を包括化することを踏まえ、入所者の栄養状態の維持及び改善を図り、自立した日常生活を営むことができるよう、各入所者の状態に応じた栄養管理を計画的に行わなければならない。 別に厚生労働大臣が定める基準を満たさない場合は、1日につき14単位を所定単位数から減算する。

次ページに続く

名称	対象サービス	経過措置に係る要件（概要）
【報酬】リハビリテーション計画の作成に係る診療未実施減算の「必要な研修等の修了」	訪問リハビリテーション	訪問リハビリテーション事業所の医師がやむを得ず診察を行わない場合、一定の要件を満たせば、別の医療機関の計画的医学的管理を行う医師の指示のもと、リハビリテーションを行うことができる（未実施減算）。その要件となる別の医療機関の医師の「必要な研修等の修了」を適用猶予する。（適用猶予措置期間を令和9年3月31日まで延長）

■著者

本間清文

社会福祉士、介護福祉士、主任介護支援専門員。杉並区地域包括支援センター管理者。兵庫県出身。広島大学総合科学部（社会科学）卒業。特別養護老人ホーム、デイサービス、ケアマネジャー、行政職員などを経て現在に至る。

●主な著書

『最新図解 スッキリわかる！介護保険 基本としくみ、制度の今とこれから 』（ナツメ社）、『サ高住・住宅型有料ホーム居宅ケアプラン記載事例集』、『〈図解〉給付管理もできる！新人ケアマネ即戦力化マニュアル』『できる？できない？訪問介護の報酬算定グレーゾーンの解決法Q ＆ A 159』（以上、日総研出版）、『考え方がわかればサクサク書ける！ケアプランの作り方［決定版］』（秀和システム）など多数。

●ホームページ

「介護支援 .net」 https://kaigosien.blogspot.com/

サービス・インフォメーション

通話無料

①商品に関するご照会·お申込みのご依頼
TEL 0120 (203) 694／FAX 0120 (302) 640

②ご住所·ご名義等各種変更のご連絡
TEL 0120 (203) 696／FAX 0120 (202) 974

③請求·お支払いに関するご照会·ご要望
TEL 0120 (203) 695／FAX 0120 (202) 973

●フリーダイヤル（TEL）の受付時間は、土·日·祝日を除く9:00〜17:30です。

●FAXは24時間受け付けておりますので、あわせてご利用ください。

令和６年度改定がひと目でわかる！
事業者のための介護保険制度対応ナビ―運営基準・介護報酬改定速報―

2024 年 3 月 25 日　初版発行

編　著　　本　間　清　文

発行者　　田　中　英　弥

発行所　　第一法規株式会社

〒 107 - 8560　東京都港区南青山 2- 11- 17
ホームページ　https://www.daiichihoki.co.jp/

介護改正速報 6　ISBN 978-4-474-09492-5　C2036 (0)

編集協力　有限会社七七舎 ／ 装丁　篠　隆二